大夏

大夏书系·教育常识

静悄悄的
教育变革

创造的
思维半径

魏忠 / 著

U0331056

上海
著名商标
ECNUP

华东师范大学出版社

全国百佳图书出版单位

图书在版编目（CIP）数据

静悄悄的教育变革：创造的思维半径 / 魏忠著 . —上海：华东师范大学出版社，2017
ISBN 978-7-5675-6383-4

Ⅰ . ①静 ... Ⅱ . ①魏 ... Ⅲ . ①教育改革—研究—中国 Ⅳ . ① G521

中国版本图书馆 CIP 数据核字（2017）第 071339 号

大夏书系·教育常识

静悄悄的教育变革

——创造的思维半径

著　者	魏　忠	
策划编辑	朱永通	
审读编辑	齐凤楠	
封面设计	奇文云海·设计顾问	

出版发行　华东师范大学出版社
社　　址　上海市中山北路 3663 号　邮编　200062
网　　址　www.ecnupress.com.cn
电　　话　021 - 60821666　　行政传真　021 - 62572105
客服电话　021 - 62865537
邮购电话　021 - 62869887　　地址　上海市中山北路 3663 号华东师范大学校内先锋路口
网　　店　http: //hdsdcbs.tmall.com

印　刷　者　北京瑞禾彩色印刷有限公司
开　　本　700×1000　16 开
插　　页　1
印　　张　16.5
字　　数　220 千字
版　　次　2017 年 6 月第一版
印　　次　2017 年 6 月第一次
书　　号　ISBN 978 - 7 - 5675 - 6383 - 4 / G·10302
定　　价　45.00 元

出　版　人　王　焰

（如发现本版图书有印订质量问题，请寄回本社市场部调换或电话 021-62865537 联系）

变革 2　技术的蝶衣 / 061

导　读

　　本书是魏忠继《教育正悄悄发生一场革命》《教育正悄悄发生一场怎样的革命》之后，在信息和互联网风潮背景下的教育变革三部曲的完结篇，对技术变革时代教育和教育机构的变与不变、教育重构下的学习与教育的信息学变化、创造力教育背后的信息变量进行敏锐的观察，从历史和人性的角度进行更加冷静的思考，进而启示读者去面对全息时代的教育一般规律。本书深入浅出，文字流畅，具有鲜明的波浪式意识流风格，又有时而激进、时而保守的深层次分析，是魏忠教育观察系列的一座高峰。

　　作者在书中回答了姊妹篇《教育正悄悄发生一场革命》中更深层次的问题：

　　教育到底是情怀还是变量？历史大数据用信息学来解读，有什么不同的视角？对于教育工作者来说又有何种启示？当我们宣传一种价值和教育理念的时候，背后又有什么信息变量微妙地影响着我们的结论？在动则指责教育的当下，教育的社会学和经济学含义为何被人忽略？作为教师如何在数据变量思维下，找到自己可为和自我提升的数据引擎？

　　什么是教育技术背后的终极命题？在教育哲学含义上，什么是远程、什么是虚拟、什么是模拟、什么是仿真、什么是示教、什么是概念？光场理论又如何催生了教育及环境？老师在信息场中又发挥什么核心的作用？从教育信息技术到教育信息思维的转变中，如何将教师的岗位转变成一个创造性的职业？如何从教育生态和知识、技能、体验等全方位角度重新理解学校的含义？

计算机科学的发展哪些得益于对人脑科学的深入研究？计算思维、设计思维、生命信息、超级生命体、量子态的群体宏观现象和脑神经微观现象，以及机器越来越接近人的思维，这些成果如何促进教育学和学习的革命？对于课堂、对于学校、对于社会、对于社群学习，作为信息设计者，在思维上如何进行一场彻底的变革？

如果从信息学和环境输入角度思考，什么才是创造的真正源泉？结构化的创新教育问题出在何处？创新为何又总在信息的夹缝中不经意出现？从工匠精神到创客精神，背后有什么一般性的信息支撑？学校和教师又如何搭建一个支撑创造的迭代的创新数据容器？从戏剧教育到教育戏剧，信息化为何是解放师生的最终手段，而教育又为何要拓展互联网思维，警惕互联网行为？

前言：数据时代的教育供给

农业时代，最小的研究对象是生物体，最高水准是杂交，而那个时代教育的最高水准是个体和针对人的研究；机械时代，最小的研究对象是构建，机械时代同时诞生了今天的模式化的教育体系以及以学科分科为基础的现代教育；信息时代走到今天，两个维度的数据及其影响在改变着今天的教育。在微观层面，教育从决策层、信息层走进数据层，研究的颗粒度不再是理念和情怀而是变量，在宏观层面，大量量子态的社群和与脑细胞类似的涌现现象，又只有在宏观尺度上出现完全不同的出现性，以量子思维代替机械思维，不确定性的基础上又有规律，教育走向新的数据时代。

一方面数据时代的教育更加细致和进行更深一层次的专业学习机制研究，另外一方面基于群体和无中心量子态的群体研究，技术发展得过快，而人的思维却不都能跟得上时代的变化。不是古人有多圣贤，而是我们的时代变了；不是现在的学生多么人心不古，而是他们面对的世界的变量与我们不同了。在这种情况下，教育变成什么、怎么变、如何变，取决于更加微观和更加宏观的与技术时代更加匹配的教育环境的配套，也就是教育供给是什么。过高的教育供给、过低的教育供给，也就是说轰轰烈烈的教育革命和故步自封回到过去，都不能做好这件事情，教育需要一场静悄悄的革命。

落到实处，教育要做三件事情：教什么、谁来教、怎么教。在怎么教这个问题上，中国教育尤其是基础教育的成就有目共睹，除去造假和学术不端因素，从托福、GMAT、SAT、ACT 到 PISA、奥数，只要是将学什么的问题解决了，中国的教育体系总能快速地拉开与世界的距离。在世界各国，面对华裔学习者的欧美学生，如果不设计歧视性的策略，都将面临一场"灾难"。

最大的悲剧在于，这种模式在西方总能找到出路的时候，中国由于总处于跟跑状态，倒也不明显。但是这些年来，随着技术和社会经济环境的变化，教什么这个问题，中国人基本上学得差不多了，或者说开始掌握到一定的门路，即使我们的教育还有很多不尽如人意的地方，但是一个非常明显的事实是，我们在大幅度缩小和西方的差距，甚至在微观尺度上明显超越。

在技术变革和教育变革的风口，中国和中国的教育工作者如果能够提前顺应趋势，在教什么问题上如果能抓住这个历史机遇，那么就会改变长期跟跑的状态，真正打下中华民族伟大复兴的基础。

一、教什么：信息时代的核心素养

1. 教育面对的是全球在技术变革时代共同面对的挑战

有人在 1997 年预测（金哲、邓伟志《21 世纪世界预测》），到 2050 年全世界知识的总量是当时的知识总量的 100 倍，现在看来，这个预计是保守了。知识爆炸对教育产生巨大冲击，使得知识更新速度快，导致学校课程需要不断地更新，但是人脑和社会家庭的变革不可能那么快或者说是有局限的，在这种情况下，当年托夫勒所说的信息过载难题不但没有被解决，反而越来越严重。学生应该学什么，应该如何学习成为需要认真考虑的重要问题，这不但不是教师的灾难，反而成为教师价值的真正核心意义。

除了量的变化，在知识经济条件下，人力资源市场具有了新的特征：面对未来公民和劳动力的学生，社会需要学校培养不断创新、对市场做出灵活反应的人；社会需要学校培养有多种技能和有适应能力的人员；公司的建立和消失速度加快，人们将经常变换工作，人们需要准备安排自己的职业和培训。这种情况，一方面要求学校提供一辈子能用得着的不变的东西，但是社会并不知道这是什么；另外一方面，要求学校培养适应未来变化的人。

由于信息的增长和数据的交换，经济全球化引发的复杂性不容小看。从英国的脱欧到美国的大选，从中东的乱局到中国的内外大移民，技术时代带来了机会，更带来了挑战，而"危"的原因是教育没有培养未来需要的人，而"机"的可能是别人要走的路你先半步到达。随着各国经济的相互依赖性空前加强，经济波动和危机的国际传染便成为经常性的而且是不可避免的事情，随着一体化程度的逐步提高，各成员国经济主权独立性不断下降，教育又要面对越来越多的人为了工作与其他国家的人竞争，在物理上和网络上跨越国界工作。

先前的教育研究，总是提醒我们回到过去，回到圣人先哲，找到亘古不变的真理，然后试图解决未来的问题。保守，固有其现实的意义和应该体会的关切，然而却很难取得成效，原因在于，今天的维度已经不同，面临的世界和变量也不同。为什么传统的教育不灵了？为什么上课如同上坟、教课就像念经？为什么今天的教师被叫"叫兽"，燃烧了自己，烧毁了别人？那是因为，在农业时代，教师垄断着知识，在机械时代，教师掌握着控制权，而在今天日益变化的数据颗粒度的时代，经过我们解剖的都是死麻雀、我们的教师很难被称为精英、教育的管理是面向过去的、教育的效率似乎是整个世界最低的。怎么办？只有一个办法——逐步走出为大机器配套的教育。

机械时代的教育，需要的是标准化的和学科高度分化的专业人才，因而才有了今天的教育体系，然而未来教育需要的是宽的基础，能在某些领域成为专家的能力；能够贴近真实社会，了解其变化的能力；独立思考能力和思维技能的培养；需要能够对未来的变化做出积极响应的能力；需要提出新的想法，并实现它的能力；需要能在证据基础上做出合理决定的能力；需要不怕困难的能力。面对未来的世界，今天的学生不仅需要木桶理论，还需要长板理论。需要学校提供职业导向、社会实践、思维方式、不确定性、创造力、解决问题能力、自信和自我激励能力等多种技能。然而，以上所需要的最重要的东西，目前不是学校给的，因此学校成为了最被诟病和社会资源浪费最大的地方，人们有气，却不能或不敢说教育不重要。

2. 英美对于教育的看法和改革步伐

事实上，并不是没有人发出这样的声音。回过头来看，这种声音是越来越大。在 2012 年，美国的彼得·蒂尔就对美国的高等教育反戈一击，对美国过于重视人文却轻视工程和科技大声呼喊。他所代表的 PayPal 黑帮，不仅创造了美国科技奇迹，还引领了今天的工程教育、STEM 教育，换句话说，如果没有这批美国人的创新和前沿引领，今天的美国教育将一无是处了。

英国从十多年前开始就意识到教育的问题。英国的教育改革是从高等教育开始的，先是将高等教育和职业教育剥离初等教育，最近又将高等教育和职业教育与商务部、创新部和就业部合并，就是要让教育和社会更加合拍。总的来说，英国的教育改革力度更大，主要有以下几个方面：从体制上将高等教育和创新及就业商业活动更加紧密地关联；挑战者机构更容易提供自己的学位；一半新空缺职位将淘汰过去的教育；放松对高水平大学的生源控制；鼓励面向未来的职业机构提供新的学位课程；鼓励新的高质量的机构给予学生新的选择；面向未来十年的卓越教学；通过提高教学质量促进学生的就业和发展；将学生选择、教学质量、社会流动性置于核心地位；政府资助直接与教学质量而不是数量挂钩；新大学新学位更容易、转学更容易。

那么，什么是我们要教的呢？对比中西和历史，教育是百年大计，总体总结，我们不需要妄自菲薄，也不能故步自封，教师和教育工作者还是有标准可循的，那就是 10 年不被淘汰的知识、20 年不会过时的技能、30 年不会忘却的体验。

3. 比较优势视野下看中国基础教育，什么灵？什么不灵？

从教育的整体水位线来说，38 年来中国教育取得了巨大的成就；从基础学科尤其是工程学科的基础教育配套来说，中国是强的，很强的；从围绕工程配套的标准化的师资和教研体系和社会动员能力来说，中国教育是令人羡慕的；从整体教育目标和价值体系来讲，中国教育工作者和学者陷入迷失、混乱和逐渐从自卑到自信及找回自己的路程中；从学生的创新体系和个性发展来说，恶劣的环境还在恶化；知识碎片化、技能过时、体验乏味，用工业化方法培养未来的人才。

更加令人担忧的是，整个教师群体在保守、创新、激情、疯狂和迷茫中摇摆，这种摇摆对于教育的一致性来说是致命的。

综上所述，欧美的教育，无论有意还是无意，都集中在"教什么"上变化，而中国的教育，一不小心在学习西方的同时，已经在"怎么教"的路上走得很远。教育过剩，学习不足；情怀过剩，理性不足；面上过剩，深度不足；要求过剩，个性不足；模仿过剩，自信不足。

二、谁来教：从情怀，到变量

行万里路，读万卷书，学习的两项重要的方式自古以来就不包含教师。回顾教育的历史，是在机械时代诞生了今天的学校和今天的大量的教师，这种培养随着机械时代的逐步过去会发生演变。从知识学习的角度看，尤其是未成年人需要管教和规范的前提下，年龄越小，教育的改变越慢、越小。从技能的角度来说，越来越多的科学研究支撑需从小学习和训练，从而获得一生的基础；而在教育体验方面，终身学习、团队学习、社交学习逐渐淡化学校的学的功能，而强化教的功能。教育谁来教，逐渐改变以教师为中心的格局，对于基础教育来说，学生的知要靠老师和自学，同时辅助以信息化的手段；学生的会要靠训练和社会接轨；学生的懂要靠学校环境、社交、网络和实践。

1. 大数据角度看怎么教的教育

苏格拉底说过："我不是知识的生产者，我只是助产士。"正是由于他是"产婆"，他的学生以万物为师，柏拉图产生了自己的哲学；而柏拉图的学生亚里士多德以实践为师，产生了集大成的亚里士多德哲学。在机器时代，多快好省地培养学生，使得"要想教一碗水，就要有一缸水"，使得教师的能力水位线越来越低，学生也越来越不被社会待见。

互联网、物联网、生命信息，信息的最小单位是数据，而越来越多的技术可能将数据收集起来，构成了大数据，处理大数据和小数据的方法构成了数据科学。一方面，新的数据收集方法使得原先不能分析的变量可以分析；另一方面，数据科学的进展使得原先被熟视无睹的数据产生新的视角，得出新的结论。

举几个例子说明大数据视角的教育变革，教师如何从孕妇变成助产士，及必须从孕妇变成助产士。我们都学过《枫桥夜泊》这首诗。但是由于有了图书系统，我在美国查到唐宋时期苏州地图，发现枫桥旁边就有"乌啼山"和"愁眠山"，那么这首诗的意思就完全不一样了。另外大家有心，可以查到作者张继，南阳人，洛阳赶考，高中进士，又当财政高官，压着银子路过苏州，所以这不可能是落榜写的诗。

再比如读李白的诗觉得很好，如果从数据角度看，李白是个用量词的比例和频度远远高于其他人的诗人，其夸张手法对于学习文学有很大的启发；再比如从光场理论看"窈窕淑女，君子好逑"，《关雎》虽然几十个字，没有几句，却是涵盖了光场理论的全部七个维度。

教师掌握的未必是对的、未必是新的、未必是全的，这就要依靠技术，紧密地引导学生掌握知识，而不必事事精通，但思维逻辑要撑得起"教师"的称号。1000年前的范仲淹，办苏州中学，树范家家风，启蒙香山工匠文化，都是影响千年的教育举措，他是一个好校长好老师，更在于他能够顺势顺时而为。

2. 生命信息角度看怎么学的学习

脑科学和神经科学快速发展的50年，积累了大量的研究人的认知科学。最早人们认识学习是从简单的物理和机械角度，于是有了格物致知。而生命科学的研究，使得人们必须知道人是怎么学习的，才可能教会计算机智能。近些年，隐含变量、默会知识、深度学习、平行世界、沉浸学习、位置学习等生理学和信息学的交叉点，成为科学的热点。

与计算机和人工智能应用的轰轰烈烈相比，人们的教育理论还停留在个体和要素研究的心理学基础上，而既然对生命的研究能带来计算机的革命，那么为什么不能使之反哺教育呢？从个体的学习、认知到群体的学习，原先的以教师和学校为中心的粗颗粒度，逐渐演化成以思维和社群为对象的细颗粒度和宏观尺寸。

3. 关键是"程门"，不是"立雪"

"程门立雪"的故事大家都很熟悉，一般来讲，这成为尊师重教的一个典型故事。然而，如果大家有心从历史大数据角度看待杨时、游酢，从程氏到杨时，到朱熹、陆九渊，最后到王阳明，会对宋明理学有一个更加宏观的认识；如果从浩如烟海的文献来看，就会发现原先这个故事根本没讲尊师，讲的恰恰是重教，是程门如何教谁来教的学问。而我不断在不同场合测试9张图，从中看哪张图的程门立雪是对的的时候，正确率不到3%。而所有教错的，都是老师教错的，不是资料错的。如果换成老师让学生查文献，会有80%的学生得出正确的答案。

信息过载的难题到来，使得知识本身和资源不成为问题，关系成为教育的最重要的问题：师与生的关系、生与生的关系、师与师的关系、校园与人的关系，等等，而关系就是信息。

高度抽象的知识、原理、结论，是暂时的，是可以靠老师教的；而知识背后的逻辑和场景，则必须通过更加复杂的另外多的变量才能得到。空间的人和人的关系、微观的信息符号和脑细胞量子态的关系，在数据世界，宏观和微观及其想象，哲学和逻辑是一致的。赛博空间的动物和人类的行为，人眼中所见、耳朵所听、鼻子所闻、皮肤所感，人和人之间的气场关联，在传统的课堂不是问题，也不能是问题，在今天却是学习的关键问题，教育是什么，教育就是这种寻找，但寻找过程中没找到教育，人却走到了一起。数据时代谁是学生的老师？是任何能够感知的东西，这些东西映射到学生脑海，成为学生的教育信息模式语言，成为他们改造世界的信息模板。

三、怎么教：从教育设计到设计教育

教育技术到底是教育还是技术？这个争论已久的问题就要有了答案。如果教育技术只是工具，那么就会像以往的技术一样成为过时的东西，从事教育技术的人成为教育的辅助部门甚至边缘人。在数据时代，教育技术是哲学，是根子上的东西，如果从这个角度看，怎么教的问题就会变成从教育设计到设计教育的变革。

1. 信息技术背后的终极教育哲学

回顾过去一些年的教育技术以及一些提法：远程教育、电化教育、现代教育，怎么教的问题从来是在工具层打转。

从心理学和哲学层面来看，如果一项技术不能解放人的某种人性，这种技术就不会有生命力。远程教学如何满足人的控制欲？模拟教学如何成为练胆儿的地摊？1万小时如何从校园开始？虚拟教学如何体现比看得见更高的教育之真？当我们定义一个概念的时候，背后是什么？仿真，什么情况下我们需要一丝不苟？

上述提到的所有的技术，如果我们不能掌握背后不变的人性，那么技术再好也是梦境。如今又有了非常多的新东西，虚拟现实、现实增强等等，也要求在怎么教的层面，先把哲学层面的根子想清楚。

2. 未来校园，四全空间

未来校园、智慧校园、数字校园，很多提法，这些提法都集中在怎么管的层面，怎么教层面的比较少。而真正的好的学习，不仅要解决怎么教、怎么管，更要解决教什么、谁来教。

全地域：无论是在家，在教室，在活动场所、图书馆、阅览室、实验室、寝室和各个校区，学生和学生、学生和老师、老师和老师，构成一个实体和虚拟的关系连接体而不仅仅是实体或者虚拟，这种连接体是强耦合的逻辑，以区别社会化学习。

全自动：通过物联网和虚拟化技术，完成刷卡、门禁、考勤、设备管理、预约、开放、授权进入和各种管理的勿扰化设置。

全信息：不仅仅是学习信息，还包含管理信息、教务信息；不仅仅是结果信息，还包含过程信息。

全智能：通过可视化和知识地图以及报表技术，通过数据库和数据管理，为决策和管理提供依据，为学习提供引导。

3. 拓展互联网思维，警惕互联网行为

在互联网思维的冲击下，教育也发生着变革，然而，教育毕竟不同于商业，在线教育的热潮过后，比 O2O 死亡率更高的是教育的投融资。商业的失败并没有什么，但教育的实验却很危险。总体来说，在教育行业有一个很重要的底线和区别，需要从事教育改革的人明白：学习可以高兴学什么就学什么，教育不行。

学习不等同于教育，将学习与教育关系搞清楚，学校的定位就找到了；浅层连接的互联网往往忽视了深度的逻辑，损害的原因在于可复制可持续的前提条件。信息技术更重要的角色是实践和课下，课上是教师的权力，教育的实质是学习关系；实验、考试、场景、师生、建筑、传承，不能无视学校核心谈技术；跨界的前提是建立在创新基础上的专业性提升。

实践性与理论性只是表面的问题，深层次问题是站在 10 年、20 年、30 年社会的角度看是否能让教育继续下去；而从供给侧的角度看教育，看教育的核心素养，未来的教育在微观上需要越来越刻意的训练，而从宏观上需要越来越通整的课程、越来越融合的分科。

著名的人工智能专家西蒙·派珀特，在《头脑风暴：儿童、计算机及充满活力的创意》中说："好的教育不是如何让老师教得更好，而是如何提供充分的空间和机会让学习者去构建自己的知识体系。"从这个角度来看，教什么、谁来教和怎么教是三个重要问题。而这当中，最重要的，也许是下面的这句话：

组成校园的灵魂不是钢筋和水泥，而是比特和爱

· · · · · · · · · · · · · · · · · · · ·

变革 - 1

· · · · · · · · · · · · · · · · · · · ·

从情怀，到变量

不谈思绪，
劳作的间隙，
顺便唱些什么；
欢乐，
或许能够冲淡几分，
梦中的呓语；
我又一次挥动双臂，
用汗水，
稀释记忆。

1991.7 于北京

　　写这个章节，明显是受中山大学王则柯教授《智慧何以被善良蒙蔽》一书的影响。王先生对我说这座房子的主人陈寅恪的"恪"不念"que"而念"ke"，不是因为王教授一家与陈寅恪同住这所房子他从小听到的，而是他查证陈教授的英文论文，用的是"ke"。

一半是情怀，一半是变量

1689 年 1 月，经历了半个多世纪的英国革命，在迎来新一任荷兰执政官后，情况发生了本质的变化。保皇派与革命派面对强大的法国的威胁，再也经不起相互杀戮了，这个国家需要靠情怀组织起来，领导者叫总统还是叫国王并不重要。这个时候，威廉三世出场了，一个在英国并无根基的荷兰人，终于能够平衡各派力量，重新用制衡稳住了英国。威廉三世知道，不限制王室权利，英国靠经济发展起来的霸权就无法维持下去，而革命派也明白，推倒了一个又一个英国国王，英国的臣民心目中还是需要一个国王的。威廉三世能够稳住局面，靠的一半是情怀，一半是变量。

与英国革命相比，法国革命似乎更彻底，但问题一点也不比英国少，虽然前面有活生生的例子。今天的教育，似乎面临着与当年英国和法国政治一样的局面：一方面学习在新技术的引领下发生了巨大的变化，另外一方面，大量具有教育情怀的人继续在原有的教育模式上前行。人们总乐于接受新技术所带来的便利，但同时也很忌惮新技术给自己带来的不便。今天，这个"人们"的数目惊人，仅仅沪江网上学习的用户数量已经达到了 2 亿以上，而在传统学校里学习的人在中国也接近这个数字，他们的老师是 1000 万，学习的革命正如火如荼，而教育的革命，却是革命不起。

在教育革命这件事情上，不同人的看法不尽相同。有人坚持情怀，有人怂恿变量，这场由技术引起的变革，引发的冲击远远不只技术本身。有时候游客的最大困惑在于，车轮继续前行，我们的风景变了，导游却还继续着转弯前的导游词。

　　我坚信，风雨过后，学校照样存在、学习也继续进行、学生还将前赴后继，可学校不会是原来的学校，教师也不会是原来的教师，掌握新型信息沟通工具的学生也将和30年前的人不会是一种类型。

　　有人呼唤这场革命之火熊熊燃烧，有人一直坚守着批判者的角色，而我更愿意用路径代替愿景，希望教育展开一场春风化雨似的静悄悄的革命。

　　一半是情怀，一半是变量，但对于教育来说不变的是哪些情怀，可变的是什么变量，这是争鸣的核心。

智慧何以被情怀蒙蔽

先讲几个故事。

欧洲二十年来，一直在追查一个跨国女性杀手，在至少几十起莫名其妙的杀人现场中，发现了这位杀手的踪迹，从 DNA 检测看，毫无疑义地发现这是同一个人。关于这个杀手，有很多富有情怀故事的猜想，也有作品将此事描写得惟妙惟肖。直到最近，警察眼皮底下一人又被杀，身上也有此杀手的 DNA，他们才意识到可能哪里出了问题。科学家从检测 DNA 的棉签入手，顺藤摸瓜，找到了罗马尼亚一个不爱洗手的棉签厂纺织女工。这件事到此为止，情怀退场，然而充满情怀的设想掩盖了并不难发现的错误数据，这误导了警方很多年，多国的警察们全部的注意力都集中在高智商具有情怀的杀手身上了，智力高超的神探们也被情怀误导，多起凶杀案也就此线索完全中断。

当然，这个故事只是数据污染所引发的情怀想象的故事。有另外一些故事，就不是想象的了，而是事实。著名主持人柴静前两年拍了一个片子《穹庐之下》，柴静从自己的女儿得病入手，怀着情怀发现一个惊天的秘密，那就是最近 10 年中国的癌症发病率升高了 300%，由此得出空气污染造成了癌症的诱导型结论。有人最近将柴静的数据推广到全球，发现一个更大的惊天的秘密：全世界空气质量越好的地方，癌症发病率越高。其实原因很简单，空气质量好了，人的寿命长，寿命长了自然癌症发病率高。

连续 10 年，我在 MBA、EMBA、本科生、硕士生的管理学课程中，总是做一些有趣的实验："如果 2001 年你在上海徐汇区买一套房子 50 万的花费，

1年后以100万卖掉，过了两年又以300万买回来，2015年以400万卖掉，现在这套房价值600万，请问你这套房赚了还是亏了，盈亏多少？"回答正确率永远不高于30%，而对照组将房子换成一个大型挖掘设备，回答正确率马上达到80%。

2013年，崔永元到美国调查转基因，调查了超市、居民、科学家、生产者，得出惊人的转基因调查报告，因此崔永元至今还被称为"情怀的脊梁"。而事实上，每年中国进口转基因大豆8000万吨，仅此就节省土地5亿亩（中国全部耕地18亿亩）；而另外一件事，崔永元状告农业部组织中国的科学家进行转基因实验的所谓滥种。两件事看起来不相关，事实上完全是一回事。充满了情怀的崔永元们最大的成果是让中国科学家不能种自己的转基因产品，而进口大量的转基因产品。

前面四个故事都是有关情怀的：第一个是数据污染，第二个是偷换概念，第三个是利用干扰数据，最后一个是偏态分布。在此我无意争论转基因的科学问题，只想谈基于统计学的经济学常识：智慧与情怀。

普林斯顿大学高等研究院是全球顶级的研究机构，爱因斯坦、奥本海默、杨振宁、李政道长期在此工作，高等研究院的标识是真和美。为什么没有善呢？因为对于科学家来说，智慧总是被善良欺骗。

2001年10月，著名的经济教育学家王则柯在北大讲座，后来将自己的演讲集结出书，就叫做《智慧何以被善良蒙蔽？》。王则柯说："如果因为道德、因为善良就模糊了基本的学理，你的经济学就站不住脚了，最后也谈不上道德和善良。善良的人们曾经以为越有用的东西应该越贵，结果形成不科学的使用价值论；善良的人们曾经以为包含劳动越多的东西应该越贵，结果形成不科学的劳动价值论。就这样，经济学说史上，善良曾经一再蒙蔽科学。"王教授是中山大学岭南学院的经济学教授，曾经在经济学博士生考试中出过这样的题目——"试论多数人收入低于平均收入造成的贫富差距问题"，结果绝大多数经过严格训练的硕士对这个常识性数学问题回答错误，只因"贫富差距"这个"情怀魔咒"。

著名的经济学泰斗萨缪尔森在他的《经济学》第十版中提醒大家注意"文

字暴力"，指的就是以上这种被情怀污染的智慧现象。

上海有一所非常著名的中学：上海中学。上海中学托管的初中部叫华育初中，华育初中升学率非常棒，每年 320 个学生，有 120 人能考上上海中学，有 180 人能考上 8 大名校，因此很多人总结华育的成功经验。然而，如果从另外一个角度看华育初中，每年数千个最好的小学毕业生申请华育、1000 多人获得各种奥林匹克奖项的学生参加华育组织的考试，华育再筛选 20% 进入华育学习，经过华育严格的应试学习，最后还有 100 多人进不了很好的高中。萨缪尔森将这两种分析都称为"文字暴力"。如果用情怀解读文字暴力，就会很容易被别有用心的人利用，被道德绑架。

2016 年 4 月底，西安电子科技大学的学生患癌症，由于查百度去了莆田系医院最后将家底花光，引起了一场巨大的讨论，引发人们对百度、对莆田系的鞭挞，一时间情怀、道德和善良泛滥。在我看来，恰恰是情怀出了大问题，同时科学、法律、规则严重缺位。2006 年，我父亲被诊断患上肺癌，多所著名的上海顶级医疗机构拒绝治疗，万般无奈下我到了上海某军队医院，热情的护士嘘寒问暖、积极的医生安排病床、主治大夫拍着胸脯，父亲在半个小时内被推进了手术室，背上画上记号让我付钱 50000 元，好在我抓紧查国内外医学文献，发现父亲根本不具有手术指征，坚决拒绝了这种临终绑架，将父亲接回了家。非常具有情怀的莆田系也是用这种办法将一个一个临终的老人最后买墓地的钱掏空的。我曾执教过大专、本科、研究生，有一个基本的思路，指导学生写论文的时候，让大专生不许使用 HAO123、本科生不允许使用百度、研究生基本不允许引用中文文献，这个思路比较偏颇，但却很有效，按照印度教育学家苏加特的未来教育的核心素养——搜索、阅读、辨别真伪，你使用什么工具查文献，决定了你的思维程度。这些年方舟子被封、崔永元情怀乱飞、柴静母性滥情，都是科学精神丧失、伪道德至上的令人担忧的深层次表现。而一个著名的西安电子科技大学的理科生，还用百度救命，不查医学文献、国外文献，求生的情怀最终让位于理性的判断，这不仅是个人生命的悲剧，更是教育的悲剧，也是国殇。

经济学是研究社会和经济内在关系的学科，最近几十年，经济学中非常多的理论都是研究人的行为、感觉和理性关系的。博弈论、不对称理论、机制设计理论、实验经济学等，就是研究经济中的信息传递和策略的科学，对于经济学家来说，是没有"道德"这个变量的，因此经济学也被称为"不道德的经济学"，只有不道德，智慧方能不被情怀绑架和蒙蔽。

当我准备写这篇文章、抛出部分观点时，有朋友圈好友很不以为然，对我说："方舟子一看就不是好人，你怎么为他说话。"

是的，方舟子一看就不是善茬，看那长相和嘴脸，我们就不喜欢。如果按照这个标准，海瑞更不善良，和珅对家人亲戚非常善良，然而不善良的人往往理性过剩，智慧不会被善良蒙蔽，因此方舟子打假几百人几无失手，而被打假的人的长相都很善良。

中国的教育工作者往往是情怀有余而理性不足，对于把自己总比作蜡烛的教育工作者，我将王则柯教授的《智慧何以被善良蒙蔽？》和其编者的话推荐给大家：

- 善良的人们曾经设想越有用的东西应该越贵，却发现并非如此，善良的人们还曾经设想越来越难做出来的东西应该越贵，同样远离事理。
- 或者你更加善良，因为他是一大串头衔和荣誉的学者，就以为他一定掌握真理，结果仍然不是这么回事。
- 面对各种迷雾或者光环，大家要珍惜自己的常识判断。这样，人们的智慧，才可以不因他们善良而被蒙蔽。

当文章写到这里的时候，看到了一篇转载如何查询医疗文献的文章，与我的看法基本一致，又看到一篇如何避免受骗的文章，也很有启发。我从事信息安全行业多年，有些国家标准还是我参与制定的，其实背后的逻辑都是防止被骗，我总结最核心的一个秘诀：不怕骗子有智商，就怕傻子有情怀。绝大多数人所谈的情怀，是撑不起专业性的，连工匠都不是，谈何工匠精神？

《岳阳楼记》的正确打开方式
——大数据与小数据

时间到了北宋仁宗庆历年间，由宋太祖开创的开封操作系统已经接近崩溃，忌惮于唐末武将割据，有宋一朝重用文官，以科举和世袭高官的政策高薪养廉，在北部边疆屯兵 140 万抗击西北三国，不仅统兵的是文官，而且士兵和长官并无隶属关系，这保证了大宋避免出现唐藩镇割据，然而造成了一个致命的问题：这个仁宗的办公软件无法运行了，国库的内存被慵懒的士兵和世袭的冗吏占据 80%，北宋这台电脑接近死机状态。

在范仲淹解围西北战事的间隙，仁宗决定对电脑进行一次垃圾清扫，升范仲淹等人为副国级常委，本文的主人公滕子京开始出场，滕子京作为范仲淹的杀毒软件被引荐给宋仁宗，在凉州大战中，正是滕子京果断联合少数民族、外援，奖励士兵，才解了范仲淹的围，打了胜仗。然而，范仲淹等人"经济政治改革十条意见"让对手抓住了把柄，不是要明确政绩和奖惩分明吗？那么，在新政实施前，滕子京说不清打仗用了哪些钱？用到哪里去了？这等于掐住了滕子京的软肋。

滕子京这个人是一个目标管理的高手，还擅长狡辩，两次皇宫失火差点把皇帝和太后烧死，事后却说失火是由于皇宫里女人说了算、管理太阴柔造成的。在政绩考核小数据方面滕子京向来不严谨，早在湖州当官的时候，就大力兴办教育事业，向老百姓收取苛捐杂税、向公务员摊派、向银行借贷，搞得民怨鼎沸，虽然教育搞上去了，自己也灰溜溜下了台。这次打仗，滕子京为了打

范仲淹就是根据类似这样的图，和自己曾经去过的也叫洞庭的苏州太湖，写了《岳阳楼记》。

赢仗，违反财经纪律违规发放奖金，被抓了个正着。滕子京是玩目标管理的，不拘小节，回到家里越想越怕，生怕被发奖金的前线战士因自危而兵变，于是一把火烧了账本，自己承担所有的后果。本来由正局级要升正部长了，这回被降级到了正处，到县级市的岳阳市当市长。

本来要清理内存，结果人家说最占内存的是杀毒软件，最先卸载了杀毒软件，预示庆历新政注定失败。范仲淹继续着小数据的政治改革，其中考核政绩成为很重要的一条。考核政绩就是考核 GDP，宋朝的财政内存堪忧，处级干部都要穿草鞋了，谁能有好的 GDP，谁能有好的财政收入，就是好官，也不论你的出身。正在这个时候，范仲淹的两个帮忙的朋友也惹了祸，一个人口出狂言夸范仲淹为圣人，结果被人举报结党营私，欧阳修又写一篇文章《朋党论》解释和帮衬，说朋党有小人朋党，也有君子朋党。这篇文章被皇帝看见了，吓了一跳，这就相当于"占内存怎么了？好的软件搞死机了也是好事"。庆历新政就这样，防火墙还没安装，就直接宕机了。

由政治局常委降级到南阳市长的范仲淹，接到了滕子京的来信，岳阳那边的 GDP 增长迅速，政通人和，百废待兴，正准备搞一个政府形象工程：岳阳楼。滕子京这回吸取了以往的教训，采用了互联网思维进行 P2P 融资，一下子盘活了岳阳市的资产。他发布布告，岳阳市原先的三角债，如果有人收不回来，就干脆捐给政府，由滕子京负责将捐款证书刻在岳阳楼，和李白的诗歌放在一起，然后这位滕市长带着市公安局刑警大队，带着捐款人的欠条直奔欠款人家，一下子收齐了过去十年的财政收入，只用半年就盖好了岳阳楼和水利堤防，这回滕子京不等人告，就直接烧了账本。

对滕子京又爱又怕的范仲淹接到滕子京为岳阳楼写序的请求后，迟迟没有动手。当事情风平浪静都是好评后，范仲淹才动手写这篇文章。由于滕子京向来出手大方，范仲淹在文章开头专门澄清自己没有接受滕子京的宴请和彩礼，甚至连岳阳都没有去过。

那么，接受滕子京邀请写序的范仲淹又写了些什么呢？首先范仲淹肯定了滕子京有所作为的事实，屁股坚决坐在改革派一边，一如过去 30 年中 5 次力挺滕子京。然而，范仲淹在后面的文章中对滕子京精心修建的岳阳楼的豪华与小数据的 GDP 毫无夸奖之词，将全部的视野转向了大数据。

范仲淹写的洞庭湖实际上是按照自己曾经去过的苏州太湖写的，巧了，苏州太湖也叫洞庭湖。范仲淹先描写了无垠广阔的洞庭湖，以及历史长河的文人骚客，突然笔锋一转，用了整整半篇文章的篇幅来描写不同视角下来看待滕子京花巨资建设的岳阳楼的感觉。无论 GDP 多么高，以负面的角度看待同样的数据，就会得出负面的结论，用正面的角度看待同样的数据，就会得到正面的结论。

范仲淹笔锋一转，借夸两种伟大的古人之心，事实上反思了自己庆历新政的偏颇之处，表明其实有更好的第三条道路，只是没人听得懂，"变量、变量、变量，重要的事说三遍，不要总陷入改革派与保守派之间的所谓情怀"。范仲淹说，不以物喜，不以己悲，劝滕子京不要因为被贬而不高兴，不要因为 GDP上去了而欢喜。他劝滕子京以大数据的眼光和思维模式来看待这几年的党争，多替皇帝想一想，大家都在争论谁占用了内存的时候，皇帝数据库里面数据质量糟糕极了！电脑死机了可以重启，数据库没内容皇帝老子着急也没用。"处江湖之远而忧其君"，皇帝也很不容易呀，不像你一个局级干部面临的都是结构化数据只要搞好 GDP 就可以了，皇帝面临的是非结构化数据、大量数据、高速变化的环境数据、让大臣们信服的可视化数据、身边还有一个六亲不认只认证据的包拯，早年皇帝上面还有一个实际掌权的太后，太不容易了。最后，范仲淹给出了判断大数据事实的方法，"先天下之忧而忧，后天下之乐而乐"，要经得起时间考验，还得知道任何举措可能带来的后果。最后一句，范仲淹还是表达了对滕子京的不信任，说你虽然是我的铁杆粉丝，但基本上听不懂我说什么呀。在既不便当面去见滕子京，又碍于党争不好多说，范仲淹话说到这份上，已经够意思了。

也许身体不好的范仲淹还希冀滕子京能够继续自己的事业，然而，一心沉浸在GDP小数据政绩观的滕子京根本听不懂范仲淹的话外之音。滕子京政绩显著，2年后荣升苏州知府，这回是官至正局和副部了，感念仁宗之恩的滕子京夜以继日地工作，只用半年就让苏州焕然一新，然而积劳成疾，1年后就去世了，远远走在范仲淹前面，5年后范仲淹去世，改革派灰飞烟灭。

范仲淹和滕子京死后，他们的对立面司马光活了30多年，写史的司马光书里有一些不利于滕子京的证据，滕子京贪官之说也更有了依据，史籍复杂，近年岳阳楼是滕子京建的青楼也时有传出。

公元1993年，滕子京墓被发掘迁葬，其墓中仅有陪葬品砚一方、口衔玉兔二只、瓷魂坛二只，何其俭朴，正如《宋史》所说："宗谅尚气，倜傥自任，

青阳滕子京墓

好施与，及卒，家无余财"，历史大数据给了滕子京一个交代。

《岳阳楼记》是滕子京与范仲淹的一个关于大数据和小数据的政绩观的对话，范仲淹试图用长期的、历史考验的、非结构化的、可视化的、全量数据的、动态的、非因果的、非此即彼的和基于个性化判断的大数据思维方式，暗示滕子京应该改变基于简单道德判断、GDP政绩观和目标管理方式的小数据模式，可惜不但滕子京没有听得懂，1000年过去，我们也没听懂。

那么，滕子京到底是好官还是坏官呢？到底贪了没有？问这句话的，一定是小数据思维模式，按照大数据思维模式，历史只有事实，没有真相，我们可以根据大量的非结构化数据，取得自己的结论。正如范仲淹中间两段关于文人骚客的结论，然而，那些都不是历史，只是评判者自己心目中的滕子京，和滕子京一点儿关系都没有。

我在写这篇文章的时候，查阅了大量历史数据，我不是历史专家，范仲淹也不是计算机专家，但并不妨碍我们都有点大数据思维模式。然而，不管是什么思维，无论是谁来解读，中国古人给我们留下了汗牛充栋的历史文献，历史学家们从来坚定不移地记载历史，在科学界和史学界有一个共同的规律，那就是什么时候准确记录都是相当重要的。从这个角度上讲，很多理工科背景的人进行文科创作让人耳目一新就是因为思维模式。大数据时代，我们可以用数据思维重新审视我们的历史，会发现古人发现不了的秘密。

涛声依旧，还原当初的夜晚

　　唐天宝年间，据说唐代诗人张继路过苏州，写下了千古名诗《枫桥夜泊》，有人解释张继是京城赶考失败路过苏州，写下了这个名篇，诗中的"乌啼、愁眠"似乎能为佐证。然而这里有几个致命的错误，其一是张继是襄阳人，唐科举的两京——无论洛阳还是长安，张继从家里到考场无论如何都是不能路过苏州的，其二张继本人并不是高考失意者，而是进士，只是在考中进士后铨选失败回家赋闲，十年后才得到机会到江西当财政厅长，这种候选官员已是极大荣幸，何来姑苏之愁？如果仔细读诗歌，也有不合常理之处，第一是江枫是江上的枫树，寒山寺门口只有一条小河，何来江枫？乌啼更为离谱，乌鸦在半夜是不会叫的，另外，从整首诗歌来看，第二句"对愁眠"，有点说不通，发愁只有睡不着觉，何来愁眠？

　　按照字面的理解，这首诗虽然成就了寒山寺，却水平有限。然而，在美国旅居多年的计冠光先生查东亚图书馆，告诉我在唐宋古籍中，乌啼是寒山寺旁边的一座乌啼山，愁眠是寒山寺对面的愁眠山，江枫更不是江上的枫树，是当时寒山寺运河支流旁边的两座桥：江桥和枫桥。如此看来，张继在寒山寺不是发愁，而是流连忘返，这是一首写景美极的唐诗，第一句写时间和空间，第二句写灯光风景，第三句写地点和禅意，最后一句"DUANG"的一声，诗人不得已要走了，美景再好，船期有限。如果这样理解，这首诗是超越王维诗作的好诗，古代人选唐诗三百首不是瞎选的。我更愿意相信这种新的解释，因为诗歌的意境更高，也更符合张继的生平。我猜想这首诗是张继中进士回家待选

2004 年，寒山寺，我站在江桥上拍了这张照片，但那时我不懂《枫桥夜泊》。

十年以后，官至江西省财政厅长，从南昌回洛阳述职，路过苏州是必然和正常的，兴之所至，哪有愁眠？

好了，切入本次专题的核心"数据的数据，是比数据本身更重要的数据"。这句话有点拗口，数据的数据，有一个专业名词，叫"元数据"，也就是数据背后的数据。比如你给你心爱的人照相，照片是数据，关于照片的时间、地点、温度、湿度、光圈、照的人、被照的人就叫做"元数据"，如果是平常的一张照片，是没有什么价值的，但是赋予一张照片元数据之后，对于很多人来说就有了价值。在上面的案例中，张继写诗的背景、山川地理、情绪、环境、渔火、枫桥、霜，一同构成元数据，而张继这首诗，就是诗歌本身的数据。

在小数据时代，背诵张继的诗歌、按照书上的标准答案解释它甚至写字写得漂亮，就构成了分数，然而却忽略了大量更加有用的元数据，这样不但体现不出诗歌的美，个性化教学更无从谈起，关键是学生如果没有沉浸在张继的元数据环境中去学写诗，一定会东施效颦的。

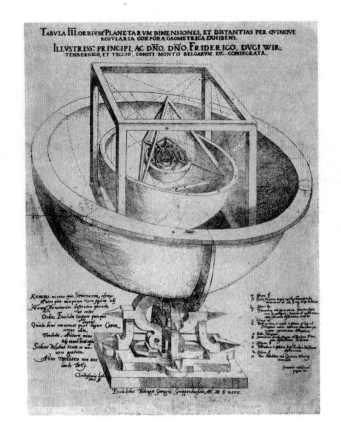

开普勒采用了新的推演方法和模型，形成了万有引力的雏形。

1599 年，著名天文学家第谷建立新的天文台，他做了几十年精确的天文观测，记载了多种行星和恒星的运转轨迹的元数据，然而就是没有一项伟大的发明。通过各种结构化、非结构化、大量的和实时历史性的记录的元数据，构成大数据，就像当年的张继的历史纪录一样。将大数据转变成有用的结论，要依靠数据科学。第谷的弟子开普勒，一辈子没有像他老师那样观察星系，但是他依靠科学分析第谷的大量数据发现了行星运行的三大规律，这也成为天文学的分水岭。

开普勒采用的数学分析方法、实验研究、图示几何方法、迭代、模拟等，就是数据科学的基本方法，他也被今天的我们称作数据科学家的中世纪祖父。大数据不能直接产生结论，用相关性代替因果性、全量数据代替抽样数据、数据采集代替推演有更加个性化的好处，但也会陷入无所作为的窘境，尤其是在云、物联网时代，大量的元数据收集变得异常容易的情况下，大数据发展成数据科学，就成为必然。

好了，网络上关于张继的诗歌还有争论，有人认为乌啼山、愁眠山是张继的这首诗出名以后才这样叫的，那么，如果有足够的大数据，比如唐代苏州全部文献、宋代文献和愁眠山改名叫今天的孤山的证据，按照刚才提到的可视化、逻辑推演、时间推演，完全可以破解"枫桥夜泊"这个罗生门。到那时候，文学会得益于数据科学的佐证，寒山寺前涛声依旧，还原当初的夜晚。按照这种大数据的逻辑，就比较容易理解为什么从工业革命之后，西方愿意不择手段收集各国的历史文物，历史大数据告诉我们的不仅是情怀，还有对情怀的定位。

历史如此，教育信息技术发展的今天，每个学生留下的元数据，比学生的分数更值得注意，而针对每个学生和一群学生的物联网、云的大数据的数据科学，将变教育情怀为教育科学。

文青李白的数学范儿

公元 760 年，已经发配贵州夜郎漂泊了三年的诗人李白在巫山吟游，接到赦免他的皇命，家也不回，改变行程坐船由三峡直下江陵，写下了"朝辞白帝彩云间，千里江陵一日还"的诗句。与后世的苏东坡一样，一生坎坷的李白在人间处处是精彩，也是想象力的半径起的作用巨大。

李白究竟是否出生在碎叶还有争议，但也是出生前后的故事。如果从碎叶开始计算，李白一生先后到过以下地方：吉尔吉斯斯坦的托克马克市，陇西，江油，剑阁，梓州，成都，峨眉山，重庆，永州，扬州，临汝县，陈州，安陆县，安陆，武汉市，西安市，邢州，坊州，开封，商丘县，嵩山，洛阳，安陆，南阳，随县，安陆，西安，安陆，西安，洛阳，开封，商丘，济南，兖州，浙江新昌，浙江温州，济南，兖州，济宁，德州，北京，当涂，宣城，滕县，江苏省溧阳县，越中，南京，庐山，浔阳，武汉，九江，武昌，江夏，江陵，三峡，遵义，山峡，江夏，岳阳，宣城，宣城，南京，当涂。

以上这些形迹都是李白诗歌告诉我们的。按照一些学者的考证，从碎叶内迁的李白不能参加科举考试，也就失去了获得功名的机会，不死读书，却也成就了艺术天才的李白的数学范儿。

在李白一生所写的 1100 首诗歌中，最让人难忘的是李白对于量词的使用：白发三千丈、千里江陵一日还、对影成三人、四万八千岁、飞流直下三千尺、落九天，是中国其他诗人所望尘莫及的，而对这种量词感染力的使用的灵感，来源于李白一生的万里行路。

诗名	量词				
秋浦歌	三千				
静夜思					
军行	速度				
越女词					
峨眉山月歌	半				
赠汪伦	千尺				
金陵酒肆留别	满				
黄鹤楼送孟浩然之广陵	三	尽			
送友人	一	万			
山中问答	非				
陪侍郎叔游洞庭醉后	三				
登金陵凤凰台	空	三	二		
望天门山	中	两	一		
望庐山瀑布	三千	九天			
早发白帝城	速度	千	两	万	
月下独酌	一	独	三		
独坐敬亭山	尽	孤	独	两	只
访戴天山道士不遇	不	两	三		
夜宿山寺	百尺				
春夜洛城闻笛	满	不			

《唐诗三百首》收录的李白二十首诗歌中的量词

目前收录在《唐诗三百首》中的李白诗歌有二十首，初步归纳一下，这二十首诗歌中，明确使用量词的就有18首，只有《静夜思》《越女词》没有使用量词。而像"朝辞白帝彩云间，千里江陵一日还""两岸猿声啼不住，轻舟已过万重山"，是既有量词又体现速度，而"城头铁鼓声犹震，匣里金刀血未干"是用比喻表现速度，虽无量词，但也是用数据说话。

在数据理工男看来，李白诗歌的两个特点让李白有别于一般的诗人：一是用数据说话，二是讲故事。两首没有数据量词的诗《静夜思》和《越女词》，一个是讲诗人在井边思乡的情绪和动作，"举头望明月，低头思故乡"，虽然没有量词，但点头和低头本身就是量词了；而《越女词》中讲了一个采莲的小女子害羞避客的故事："耶溪采莲女，见客棹歌回。笑入荷花去，佯羞不出来。"故事讲得太好，李白这二十首没有使用数据的诗歌就只剩这一首了。

以上二十首诗都是短诗，如果我们研究李白的长诗，那其对数据的使用更加明显。

《蜀道难》是李白最有名的一首长诗，三百字不到的诗歌，用了四万八千岁、六、百、九、一、万等数据量词。

用数据讲故事，不只要求你会讲故事，还要求你会用数据。如果你是文青，你要有数学范儿；如果你是科学家，那么你要会讲故事。

汉斯·罗斯林是瑞典卡罗琳学院的国际卫生学教授、医学统计学家，1996年他将人类几百年的 GDP 数据收集起来，用一种叫 Trendalyzer 的软件展示出来，并用动画技术将数据讲成故事，颠覆了人们传统上所认为的社会制度、治理水平和经济发展之间的关系，预示着全球经济发展之间的联系和共同规律以及发展阶段之间的内在关系。传统的统计学家是用理论和数据分析，而汉斯·罗斯林用数据讲故事。1997 年，谷歌出资，开源了汉斯·罗斯林的成果，开辟了全世界各行各业的科学家用数据讲故事的时代。

用数据讲故事，是可视化技术的发展趋势，TABLEAU 软件最新发布的版本中，很重要的一个功能就是提供了用数据讲故事的功能平台。

浙江大学医学院李兰娟院士承担了国家重大公共卫生协同创新平台的项目，在 2015 年项目验收的时候，就邀请了美国著名的数据科学家张小彦博士对公共卫生决策的数据进行可视化分析。张小彦博士用了几个月时间来分析，

汉斯·罗斯林，GDP 的故事

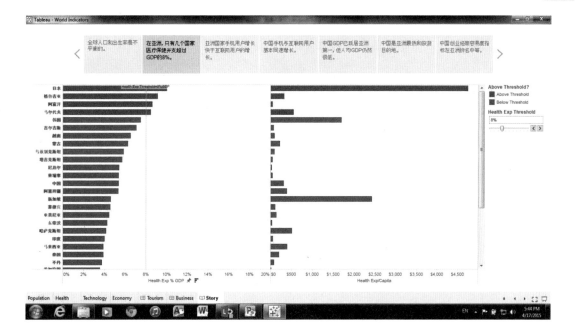

张小彦通过 TABLEAU 用数据讲故事

其重心就是让公共卫生决策专家系统变成友好的会用数据讲故事的界面。在张博士看来，故事讲得好，就会变专家决策为用户决策，"SELF-SERVICE"，是故事讲得好的最高标准。李白的诗写得好的原因在于，巧妙地运用大量的量词，故事根本不用文学评论家辅导解读。

总体来说，用数据讲故事基本上采用可视化的方法有以下几种方法：

- 叙述方式随着时间改变：著名的南丁格尔极地图，开创了这种巧妙的方法。
- 由大及小：就像世界杯足球赛转播的摄像师，从宏观场景一直聚焦到一个美丽的表情。
- 由小及大：像很多无人机实现的自拍，从自拍一直拉伸到风景、城市甚至地球、时代。
- 突出对比：将极端和选项的进化过程用突出的对比实现，例如 GDP 和政治制度的关系。
- 探究交叉点：显示几组概念的交集及其构成原因。

- 剖析原因：变量因素与结果进行对比显示。
- 描绘异常值：将异常值突出进行表现。

又回到中世纪的一句谚语："资助科学家和艺术家，是富人的天职"，原来那些富人把两拨人搞到一起，是为了讲故事。

当人们反对少年班的时候，在反对什么

今天从一位天才的历史学家讲起。2009 年，清华大学出版了一本书，叫《天才的历史学家》，这本书记载了中国有史以来最具天才的历史学家张荫麟。1922 年到 1929 年在清华读书期间，张荫麟和钱锺书、吴晗、夏鼐并称清华四才子。张荫麟只是在大学三年级退学后写了一些史学文章，让当时梁启超等学术巨擘惊呼为天才，于是有了天才之名。张荫麟后来拿到美国博士，回国任教，37 岁去世，著作颇丰。然而遗憾的是，比起清华四导师和清华四才子，其成就实在是不能被称为大师。不仅仅是英年早逝，37 岁去世的徐志摩、27 岁去世的唐朝诗人李贺没人不认为是大师，那么为什么 37 岁去世的、才气更高的张荫麟不能成为历史大师呢？

查询百度，有历史学天才称号的只有两个人，一个是张荫麟，一个是刚刚去世的 18 岁 "历史学天才" 林嘉文，相比起张荫麟 18 岁时写的一篇引起轰动的关于老子历史的文章，林嘉文的 "天才" 根本不值一提，然而可惜的是张荫麟死于病魔，林嘉文死于捧杀。

并不是所有的行当都不具有天才。骆宾王是天才的诗人、苏轼是天才的文学家、刘晏是天才的诗人后成为唐朝财政学家和宰相、杨丽萍是天才的舞蹈家、高斯是天才的数学家、杨振宁是天才的物理学家，比起这些依靠天才和勤奋成为大师的人，文

天才历史学家张荫麟

学家、历史学家、社会学家，似乎更多的要和大器晚成画上等号。

原先我们争论这样的问题主要依靠教育理念，鸡同鸭讲，似乎永远争论个没完，今天不一样了，有两种工具可以统一大家争论的语言，一种叫大数据，一种叫数据科学。

2015 年，中国科学院院士增选，中国科技大学有 5 位校友增选为院士，同时还有一位增选为美国科学院院士的庄小威，同年 32 岁的尹希成为哈佛大学史上最年轻的教授。这七位杰出的科学家被称为大师应该毫无疑问，其中 4 位是科大少年班毕业的。我算了一下科大少年班的所有数据，无论是在同届的科大毕业生中，还是在同届的重点大学毕业生中，科大少年班选拔的人才在同类少年中的成材率是几百倍到几千倍。仅以此计，科大少年班在经过不到 40 年的历程中，可以用数据为争论画一个句号。在近 20 年的争论中，鸡同鸭讲，各有各的语言，似乎都有道理，但数据是最大的道理。如果我们把时间推到 10 年以前，35 岁的哈佛教授田晓菲，也是北京大学少年班的，是一个诗歌天才。

科大少年班的数据，还不是大数据，我们如果考虑到以下数据，就基本接近大数据了。比如说，考虑到少年班不成才的比例、出家的比例、精神病的比例、父母提前退休为少年班孩子煮饭照料生活的比例，如果我们将 30 多年围绕少年班的各种数据收集起来，就会展现给大家一个相当壮观的景象。围绕这些数据（基本上可以称为大数据了），我们很多数据科学家就可以进行各种各样的计算，得出各种各样的假设，这些假设最后得出的结论更加有说服力地证明或者推翻具有充分教育经验的人的一些围绕在少年班身上的常识：

- 少年班成材率远远高于非少年班。
- 少年班孩子的失败率也远远高于非少年班。
- 少年班身上的社会成本惊人。
- 少年班适合的专业类型：物理、数学、诗歌、音乐、美术等个性生物和大脑特征相关特长领域。
- 少年班不适合依靠后天经验、社会阅历和家族传承的领域：历史、政治、教育。

回到林嘉文现象。2015 年 10 月，当轰轰烈烈地报道这位天才的历史学家 18 岁写出历史巨作的时候，我写了以下一段微信："古今中外有天才历史学家吗？有少年历史学家吗？一个人没有经过恋爱与失恋、欺骗与被骗、激情与沉默、伤害与被伤害、杀害与被杀害，如何理解人类愚蠢的历史？如何理解政治家的狂妄、老百姓的愚昧、战争的残酷和真正具有跨越时代的悲天悯人的情怀？科学家有天才、艺术家有天才，但我不相信和文化密切相关的学科具有天才，尤其是历史学者们最沉重的学问。如果我想说几句，那就是我们的舆论和孩子的家长，对教育一窍不通的情况下还自以为是，滥情。"

我相信有经验和教育常识的人，都会和我有一样的常识。然而，常识是会出错的，常识也会引发不同背景的人激烈争论，那是因为，不同个体、不同环境下得出的常识的结论是完全不同的，正像很多人反对少年班，是自己心目中的少年班，不是大数据下的少年班。

还好，有了大数据，在数据不能造假的同时，给了大家一个共同的环境，让数据科学家可以根据这些大数据去编程、计算、展示，用数据讲故事，给出大家个性的结论。大数据不能给你少年班到底好不好这样绝对的结论，但每个人可以更加个性地选择一个角度去证实自己的结论。

依靠大数据和一些数据工具以及科学的数据方法去决策，大数据热潮过后，人类走入了数据科学时代。数据科学依赖计算机科学、数理统计学、图形设计学、人机交互学的一些基础科学去判断和决策。从事这种科学的人被称为数据科学家和数据工程师，数据工程师具有六种能力：对数据的提取与综合能力、统计分析能力、数据洞察与信息挖掘能力、开发软件能力、网络编程能力、数据的可视化表示能力。

文章写到这里，再说另外一个天才张炘炀，这位 10 岁的天才，3 个月认字、16 岁读博士，硕士答辩前突然对父母说，不给他买房，自己就不读了，因为"自己应该做一个人上人，成功的标准就是有北京户口，买房，找个好的工作"。如果我们仅仅说少年班情商容易出问题也未必正确，上海音乐学院每年的音乐天才不少，出问题的并不多，我们需要再根据场景、环境、学科做进一步的研究才行。

争论教育方法和教育理念是上个世纪的教育做法，已经有学者对包括衡水中学等重点高中的教学成才率做系统的数据科学研究并得出初步的结论。衡水中学也好，张炘炀、庄小威也好，失败的，成功的，各有各的原因，各有各的代价，但大家要有一个量的估计。

也许 10 年后，计算机系统会给出您这样的建议："您的孩子这样学历史学，成为大师的可能性为千万分之一、成为教授的可能性为百分之二十、患精神疾病的可能性为百分之四十、自杀和早逝的可能性为百分之十八。"

昂贵的历史学课堂

1927 年，正当北伐战争进入到最关键的时刻，梁启超的三个儿子梁思成、梁思永、梁思杰在美国对父亲提出了几乎一致的疑问：国内战争和局势如此激动人心，为什么三个人都在学习对国家前途毫无用途的东西？当时的梁思成在哈佛读建筑史博士，梁思永攻读考古学硕士，梁思杰想参加白崇禧的部队直接去打仗。梁启超给三个孩子写了非常多的信，说李白、杜甫与唐朝宰相的作用相比，以千年计算，难道不是更重要的吗？三年以后，西点军校毕业的梁思杰

清华大学和卡内基梅隆大学最大的差距也许就是博物馆（魏忠 2012 于匹兹堡）

北京大学和哈佛大学的最大差距也许还是博物馆（魏忠 2014 于波士顿）

直接回国参加 19 路军，殉职于中日战场间隙。现在看来，如果梁思杰当初没有听取梁启超的老人之言，牺牲于国共内战也未可知。梁启超之所以高人一筹，一门三院士、9 子皆成才，皆因书读得多、世面见得多，今人不得不服。

　　事实上，梁启超力劝孩子们在美国读好书再回国，并不是梁启超认为读书是第一等好事。梁思成 1925 年在哥伦比亚大学读书的时候，梁启超就给他寄去了最新版的《营造法式》；梁思永在美国读硕士期间，梁启超几次希望梁思永中断学业去跟随欧洲的中国考古队进行考古研究；梁思杰从西点军校毕业参加危险的战斗，梁启超给予充分的支持。梁启超的思想里面，实践和读书同等重要，而学习中的训练高度是影响孩子们成功的最重要因素。梁启超不仅不遗余力将孩子们送到最好的大学、为孩子们提供高人指点、让孩子们参加最具有前瞻性的团队，还提供给孩子们最新的科研和社会资讯。

　　最近 5 年，每年我都会到美国待几个月，到梁氏子女学过的学校去看看，尤其是在梁思永、梁思成待过的地方，去发现和思考：历史学是否就不需要实验室了呢？确实，从表面上看，历史学学习只需要在图书馆就可以，去看纸质文献和电子文献。然而，历史上存在过只看历史书的历史大师吗？

如果说梁思永和梁思成还不是纯粹意义上的历史学家，那么许倬云想必是完全意义上的历史学家了。2013 年我在匹兹堡见到老先生时，他回忆自己走向历史学研究的往事，并不是因为读了多少书，而是与当年他同台大李济、李宗侗、董作宾、傅斯年的忘年之交有很大关系，和在芝加哥大学直接与韦伯学派的亲密接触有关系，这才为老先生奠定了历史学的厚重的经济政治学基础。

如果再查询我们熟知的王国维、陈寅恪、季羡林的史学成长经历，那么多年的留学经历是不可缺少的。一般认为，从整个人类文明历史、哲学历史来重新看待中华历史，会有一个崭新的史学视角，会成就一个历史学家。然而事情仅仅是这么简单吗？

北京大学历史系教授昝涛对我说，如果我对土耳其的历史感兴趣，有机会可以去一下日本的博物馆，原因在于，日本的土耳其博物馆被土耳其人视为圣地。这就让我想起了一件事情，我在美国的匹兹堡、波士顿、芝加哥、纽约等这些盛产历史学家的圣地，都看到了从古希腊到近代的非常令人咋舌的博物馆。博物馆的讲解员有时候就是这个方面的泰斗级人物。原来，学习历史学的昂贵在于，除了读书之外，你还得见到原物，还得与泰斗们亲密接触，这个"实验室"是所有学科实验室中最昂贵的。

昝涛，北大历史学系副主任。37 岁，这个年龄就成为北京大学这个王牌专业的副主任是少见的。然而，昝涛北大博士毕业的时候，去应聘山东的中学历史老师却被拒绝。他在找不到工作的情况下不得已接受国际学术资助，在危险的中东游历、学习与科研，与什叶派、逊尼派、库尔德人、土克曼人、伊朗人亲密接触，住在一起，才有了冷板凳之后的精彩。在书与路的灵魂旅行之后，昝涛已经不像一个一般的历史学教授了——他在新浪上发表连载，在经济和文化沙龙上谈论伊斯兰文化，做中亚旅游团的高端导游。我在想，昝涛之所以能成为研究土耳其的一流专家，其信息的来源是多元的、其体验是深切的、其实验是昂贵的，因此历史学在中外是一门贵族的学问。

1985 年，一位美国收藏家在加州一所住宅中发现了圆明园兽首。这些在 20 世纪 80 年代才流失的文物（其实按照文物法，这不是文物），当年的价格在 1500 美金，到 2007 年被何鸿燊在拍卖会买回时近 7000 万港元。我在想一个问题，买回兽首我们已经花费数亿，而中国这么大、这么富裕，何时买回几件希腊文物、罗马文物、西班牙文物、埃及文物。没有这些昂贵文物的西方史，就像没有网络设备的网络课程一样好笑。我们的历史学教育如何利用信息手段，将地域文明、爱国教育以及人类文明生动地展示出来？这不仅需要历史学课堂，更需要历史学实验室、博物馆和野外考察。

将高端的历史学课堂、讲座、旅游、团队训练和考察结合在一起，通过朋友圈、演讲和在线课程的方式，以及组织系列人文历史地理的游学活动。这是否会成为历史学学习的新形态呢？其实，这只是在网络时代还原梁思成、梁思礼走过的史学之路而已。历史＋互联网，是使很多像昝涛一样的历史学家，直接指导大众、走入寻常，通过朋友圈和互联网，可以使历史导学从稳学走向显学。

土著的美国人为何不择校

2009 年的 11 月，匹兹堡南部的黄先生夫妇在煎熬了一年以后，终于等到了迟早要来却又不愿意接受的事实：他们的孩子 Herry，在患脑瘤一年以后离开人世，距离这个各方面都优异的孩子进入哈佛大学读书仅仅一年半。经过了12 年的奋斗和 1 年的焦虑，如果事情重新来过，黄先生夫妇一定会换一种生活方式，因为无论黄先生夫妇自己还是他们的朋友都知道，相对于美国的孩子，这个优秀的孩子几乎无可挑剔，但确实没有什么幸福可言——他过得太苦了。15 年前，黄先生夫妇从中国来到匹兹堡，有感于夫妇双方的英语不灵所造成的机会损失，自孩子出生开始，夫妇俩在孩子面前就只说英语。孩子是出色的，这有赖于夫妻双方的良好基因和对孩子的严格要求。在学校，孩子的成绩几乎永远是第一名，但黄先生夫妇不太满意，于是将中国式的补习政策也用在了对孩子的培养上。大家是很容易去想象这个美国孩子的周末是如何度过的。不仅如此，黄太太虽然博士毕业，但也辞去工作，多年来孩子一放学，黄太太就将准备了一天的"教育研究"成果堆向了儿子。儿子是出色的，只不过孩子身体一直孱弱，入学半年就一直头疼，很快被确诊为脑瘤。

这件事情对于匹兹堡的华人震动很大，很难说虎妈的养育方式和孩子的死有直接的关系，然而这也不得不引起他们的反思。事实上，美国华人子女的教育并不像国内想象的那样是"轻松的素质教育"。相反，很多华人将国内的教育习惯带到了美国，重视教育（或者称为"应试"）的成效还是非常明显的。在匹兹堡北部最好的学区北阿拉根尼高中，前 50 名中华人占了很大的比例。然而，这种比例几乎不能带给这些华人子女太乐观的前景，因为美国的大学录取不仅和学区挂钩，还和种族挂钩，惨烈的竞争往往发生在华人内部，以至于有几次，华人能够打破大家错位报志愿的惯例，一窝蜂地报普林斯顿时也报哈佛。2380 分，对于以 SAT 为基准的美国高考来说，是差 20 分满分的成绩，但是这个分数对于这个学区的学生小张来说，上大学的时候只能报排名在宾州大学以后的学校。近些年，由于华人的热衷，从美国东海岸到西海岸，各种 SAT 的补习班也如雨后春笋般到处都是，这些补习班把亚洲人对于成绩的渴望和目标管理发挥到了极致，最早源于日本人，后来是韩国人，目前接力棒到了华人手中。

相比华人的传统，那些"土著的美国人"（指第三代和第四代非移民美国人），对于孩子入学这件事就淡然得多。匹兹堡是中东部城市，相对于东部沿海和西部沿海城市，要传统得多，其名校情节代表了更加传统的美国人的态度。当地的中学分为公立、私立和教会三种。公立学校是按照学区进行就近上学的，学费在 12 年义务教育阶段是免费的，校服规定也不严格。私立学校主要有四所知名的，学费在 2 万到 3 万美金一年，每所私立学校都有自己的特点：有擅长科技的、有富人子弟的、有传统贵族的。而第三类就是几十所宗教学校，由于历史原因，以天主教为主，学费每年在 1 万到 1.5 万美金。匹兹堡的四所主要的私立高中学校在美国的排名都不错，其中斯维克利高中和谢迪赛德中学还排名全美前 100 位。我问了很多住在北阿拉根尼学区的美国人孩子如何选择学校。所有的回答几乎都很平淡，似乎这件事情几十年前早就想清楚了似的：家里特别有钱的会考虑科技高中和谢迪赛德，几代贵族会选择斯维克利，虔诚的天主教徒会选择私立的宗教学校，而大多数人会选择在全宾州都排名不错的公立学校北阿拉根尼，没有人跟风，也没有人比较。而初来的华人就呈现完全不同的状态：有拼命想进入四大名私立高中的（学费并不贵，核算人民币每年 12 万），有使了劲搬到公立学区的，有以各种身份让孩子不断转学的。匹兹堡的文森特高中是一所天主教学校，近些年不断有华人进入这个学校学习。学校最初非常欢迎，后来，不断有"土著美国人"转学引起了校长的注意，原来初来的华人一味地比赛学习成绩，已经打破了当地多年来形成的平衡。

那么，"聪明的华人"如此重视学习，是否就代表了"土著美国人"比较傻呢？事实并非如此。搬到匹兹堡时间越长的华人，其择校的动因越低，这也许从一个侧面说明了"不择校"是一种理性的选择。要说明这个问题，就要先说明美国的多元的价值观。

在文森特高中，刚来的中国孩子经过一段时间后，惊奇地发现，如此多的美国人"不求上进"，他们发现这些美国同学中大多数人一辈子的梦想就是上个社区大学。自从中国孩子来了以后，这个学校的美国孩子和中国孩子之间形成了两个完全不同的阵营：中国孩子努力学习、写作业、逛名牌商店、宅在宿舍上网、考试抄袭；而美国的孩子参加体育运动、志愿者活动、严格地自我约束、课外活动和学习上不求甚解（虽然如此，最优秀的学习者还是美国孩子）。多元的价值观使得几乎美国孩子都不认为学习好是一个追求的目标，反而集体运动、体育运动、志愿者和领导力出色的孩子，会广泛得到认同。与中国人天堂般的混日子的博士生活、快乐的本科、紧张的高中和艰辛的义务教育正好相反，美国人有天堂般的童年、快乐的少年、紧张的高中阶段、艰辛的大学生活和不是人过的博士生涯，因此最后读到博士的人真是学问的精英，这些精英经过筛选获得了自己想要的生活：上名校、读博士和搞研究，但是没有那样天分的美国人，照样可以过自己想要的生活：当管道工或者到社区学院读一个护士专业。虽然教授和学者的工资似乎比管道工和护士高一些，但是也没有高得离谱，因此很多人早早地就有了自己的选择。

其次，在美国即使是名校选拔人才的标准，也并非只看成绩。总体来说，美国知名的大学选拔学生的指标大致分为以下四种：高考（SAT、ACT）、高中阶段成绩（GPA）、志愿者与爱心、领导力与特长。下面，我就用 Wendy，一个美国高中生为例，来看看美国大学的选材标准和美国高中生的努力方向。

Wendy 在美国读高中三年，最后一年才体会这四个标准的含义。高中一年级时，Wendy 从中国上海来到美国高中读书，第一年过语言关和作业关。事实上要想完成美国私立高中每天的所有作业对于英语不是母语的 Wendy 来说并非易事：作业量大、探索性强，几乎晚上 12 点前没有睡过觉。这样一年下来，Wendy 的 GPA 终于达到了 3.9，进入了最好的系列。这个时候，Wendy 受邀参加了学校为优秀学生举办的颁奖典礼，典礼上 Wendy 发现，自己仅仅在学业成绩上拿到两个奖，很多美国孩子竟然能够拿十几个奖，才发现自己与"一流大学"的差距。

要想门门课拿高分，Wendy 发现自己与美国人在历史、宗教、艺术、英语文学方面差距巨大，她开始着重提高自己多方面的综合素质，也就是 SAT 所要求的具有批判性思维、大量阅读等，再加上 Wendy 暑假回国专门参加针对中国孩子的应试 SAT 辅导班（美国大学所需要的另外一项技能：SAT，也就是到目前为止靠应试比较难提高中国孩子成绩的美国高考），Wendy 才有了一点感觉。对于美国人来说，SAT 成绩要达到 2200 分才能上一所像样的一流名校，而对于 Wendy 这样的中国孩子，分数要求会更高。

在校成绩和综合素质都得到提高的 Wendy 发现，自己还是被隔离在美国的师生之外，后来她发现美国人还有另外一个价值体系是自己缺失的——爱心和志愿者。美国的大学很实用和势力：他们认为一个充满爱心的候选人将来也会充满爱心地回报母校的。Wendy 很快明白了，她参加了一个华人的学校，当了一名汉语老师，按照志愿者的要求在创新、服务、行动三个指标上做出了相当的成绩。这个时候，整个学校的老师都知道了有一个华人的学生每周在外面坚持当老师，Wendy 终于得到了老师的认同，老师也把 Wendy 从一群抄袭和让别人抄袭的中国孩子中分离出来，对 Wendy 另眼相看。老师的另眼相看，对于 Wendy 能否上一个好大学非常有影响，因为等 Wendy 申请大学的时候，要有主科老师为 Wendy 写推荐信，而美国教师写推荐信是惜墨如金的。

在得到老师的认可后，Wendy 向着最后一个评价指标——特长和领导力——努力。中国的孩子到美国读高中入不了群，其主要原因在于没有特长，当然也不会有号召别人的领导力。Wendy 发现，要想让自己得到美国同学的认可，这件事情最为艰难。习惯了国内九年的应试环境，Wendy 的天分和特长已经差不多消失殆尽，而 Wendy 所在的高中在匹兹堡是非常厉害的：国际象棋冠军、男女篮球冠军、书画冠军、长跑冠军。Wendy 是一个不服输的孩子，想来想去，只有长跑是自己唯一能够去做的。当 Wendy 报名学校的长跑队的时候，所有的师生都非常惊讶：这个学校的华人（包括华裔）没有参加过这项运动。

Wendy 用了一个月的时间，跑了她过去 16 年的路，每天 7000 米的围山跑让倒数第一名的她终于留在了校长跑队。又过了一个月，她已经成为倒数第二。不过，Wendy 很高兴，自己可以在申请大学的时候写上："Wendy 作为宾州最好的长跑特长的高中学校的长跑队成员，参加了 2014 年每年一度的长跑比赛。"

谈完以上 Wendy 的故事，大家基本上就明白了，美国高中生家长为什么"不做帮凶"。Wendy 每天早上 6 点半起床，自己做早点，然后乘校车上学。下午下课后随学校的车到一个公园，练习长跑，一直到晚上 5 点半回到家。吃完饭后开始写作业，作业通常要做到晚上 11 点半到 12 点。周末晚上，可以略微轻松一点，周六早上可以睡个懒觉，然后起来做作业，周六晚上和周日早上要备课，为志愿者活动做准备。周日下午两个小时，作为中文教师，教十几个小朋友中文以及批改作业。以上仅仅是完成美国高考"基本动作"所需要的努力，如果家长要求再高一些，参加音乐、美术等各种辅导班，孩子确实是吃不消了。在美国这种多元的要求体系下，家长"做帮凶"其实意义不大，还要看孩子的天赋、学习的意愿以及喜爱情况。综合上述因素，随着时间的推移，绝大多数家长会放弃"做帮凶"。更深层次的原因在于，美国的教育深受杜威实用主义教育的影响，"教育的目的是为了让教育进行下去"。所有的人努力受教育是因为喜欢，教育是一种生活方式，也是一种筛选。

下面我们从不同的角度来看美国高中生的择校倾向。与美国大学的选拔标准相一致的是，美国各个大学会有自己的选择学区，比如在比较好的斯维克利高中，哈佛也许会有三个指标，而在文森特，也许只有一个指标。那么 Wendy 为什么要放弃斯维克利去文森特呢？要知道，在斯维克利要想拿前三名是非常难的。从哈佛的角度上来讲，哈佛选材标准是否可以成为领袖，也许斯维克利的第二十名的学习成绩会比文森特还好，但哈佛很清楚，领袖不大可能在一个第二十名的学生中诞生，因此哈佛宁可选择一个在文森特各方面都具有影响力的学生。那么对于斯维克利来讲，出不了那么多哈佛和名校的学生，是否就意味着斯维克利的失败呢？不，斯维克利是一个以交往和贵族为特征的学校，很多学生三代人以及更多的祖先就读于这个学校。学习对于这些人而言根本和就读哪所大学无关，他们关心的是自己的孩子和谁开派对，和谁打冰球、去赛马。很多初来匹兹堡的华人不明白上述原因，将孩子送进学费并不贵、进去也并不太难的斯维克利，后来发现，自己的孩子学习成绩倒数、进不了好大学、学习了很多贵族运动、开派对付不起钱孩子心理有阴影，最后家长后悔不迭，真是划不来！

鬷假无言，时靡有争
——技术的仪式感

商朝中期，有一个中兴的国王叫武丁，他对外拓展疆土，对内治理国家。今天能发现的甲骨文最多的时期也就是那个时期。一个国王身材虽然魁梧，但面对没有扬声器和高音喇叭的万民，如何让大家瞻仰呢？好在那个时期有了青铜器，后母戊大方鼎，国之重器。这件800多公斤的重器放在台阶上，万民跪拜。"鬷假无言，时靡有争"，《诗经·商颂》中讲的就是类似的一幕。

在新技术进步方面，古人远远不如今人。掌握了新技术的"物件"国王，往往就掌握了权利，玉石、铜器、金器，每一种新技术下物件的产生，往往也重新焕发出万民心中的好奇感和敬仰感，仪式感由此诞生。王往往利用新技术的稀缺性来实现仪式的庄重。

有时候，新技术本身消失后，仪仗成为一种纯粹的形式，还能够起到威严和警醒大众的作用。

大炮最早是用马车拉的，一声炮响，马车旁边如果没有战士拉住缰绳，马就会受惊。再往后，马车被机动车代替，不再需要两个牵缰绳的士兵了，但这个仪仗却一直保留了下来。再到今天，迎接国外元首，礼炮不再重要，反而仪仗兵成为最重要的元素。

人的爱国主义来源于族群中强壮的雄性保护族群的努力和族群中被保护的依偎感。1997年7月1日香港回归，三军仪仗队中那位接收降旗的仪仗兵李本涛一声撼天动地的"敬礼"口令，让身为男人的我也感动。今天，中国人民解

为了这篇文章，我专门和战士待了半天。

放军三军仪仗队是一个副师级建制，如同武丁的禳假一样，三军仪仗队没有实用价值，谁也不能说这个仪仗队浪费钱财。

1924年，哈佛大学教授梅奥接手了一个心理学难题。从1924年开始，在霍桑工厂，管理学家们一直在做一个实验。原本大家预计的实验结果是，增加对工人的照明会增产。这类实验是泰勒制"科学管理学派"实验的延伸。管理学家们试图将工人的每个动作、每个细节都管理得非常到位，以期实现管理效率的最大化。可是实验结果发生了偏离，无数次实验发现，无论是增加照明还是减少照明，工人的生产效率都远远比对照组高。梅奥接手后，又做了6年，访谈了2万多名工人，直接诞生了另外一个学派"行为学派"。这个实验被称为"霍桑实验"，实验的原因也很简单，参加实验的工人不再是机器，而是作为获得荣誉的个体，因此生产效率得到提升。从那个时候起，人们开始关注人和人的关系。梅奥教授在1933年和1945年出版了《工业文明的人类问题》和《工业文明的社会问题》两部名著。霍桑实验揭示出工业生产中的个体具有社会属性，生产率不仅同物质实体条件有关，而且同工人的心理、态度、动机，同群体中的人际关系以及领导者与被领导集体的关系相关，最后得出"改变监督与控制的方法能改善人际关系，能改进工人的工作态度，促进产量的提高"的结论。

公元 1560 年，瑞士钟表匠布克在游览金字塔时，作出一个石破天惊的推断："奴隶是造不出金字塔的"，很长时间内，这个推论都被当作一个笑料。然而，2003 年埃及最高文物委员会宣布：通过对吉萨附近 600 处墓葬的发掘考证，金字塔是由当地具有自由身份的农民和手工业者建造的，而非希罗多德在《历史》中所记载——由 30 万奴隶建造。为什么奴隶造不出金字塔呢？其原因也在于霍桑实验所揭示的，对于一个复杂的需要人际配合的巨大工程和精密工程，如果不是出于使命感而是被迫进行的，是不会太精细的。这就如很多家庭主妇抱怨保姆打扫卫生不尽心一样，在打扫卫生如此简单的工作上尚且如此，更不用说更为复杂的事情了。

小时候父亲专程带我们去北京看球形的太空馆，兄弟们长大以后都从事了工程学科，这种仪式感是父亲小时候给我们的烙印。1997 年香港回归，敬礼的李本涛给全国人民留下深深的烙印。2016 年 12 月 10 日，我来到北京 101 中学，在学校等级最高的一间会议室，看到了一套 3D 的带有仪式感的教学设施。当灯光暗下来，学生带上眼睛，如临其境的 3D 生物课，让孩子们印象深刻。客观地说，如果从泰勒管理的角度看，这么贵的一套设备对于提高成绩来说没有什么效益。然而，学习是复杂的，目标更为复杂，一种复杂的人类社会工程，一定要有信息的仪式感。3D 事实上也毁眼，不能多看，但如果作为对未来科技的一种仪式感、作为爱校爱国的一种仪式感、作为课程结业的时候总结关键理论要领的一种仪式感，享有这种被重视的感觉的，不仅仅是 3D，更是人。

我们回头看 80 年前的霍桑实验后产生的两本书，如果将之用到教育，改为《教育文明的人类问题》和《教育文明的社会问题》，是不是依然适用？

为什么好医生被病人用刀砍常见，而坏教师却没有
——兼答李镇西先生

4月中旬，朋友圈中转来李镇西先生的一篇文章——《为啥一流医院收的都是最难治的病人，一流学校招的却是最好教的学生？》，之后一周，朋友圈中转发就达到十多次，稍微看了一下文章，结论正确，但论证很奇怪。我向来对结论正确但逻辑奇怪的东西非常警觉，但对逻辑正常结论明显错误的论证保持极大的宽容，本想写篇文章回答一下李先生的疑问，可惜还没等到回答李先生，朋友圈的热点又转向莆田系医生事件和广州医生被砍事件以及徐州"肾萎缩"新闻事件。现在看来，将四件事联系起来，可能会更好地回答李先生的疑问。

李先生在这个疑问文章的最后提出，如果有谁能解决这个问题，教育的问题也就解决了。似乎问题很难解决，然而，通观李先生的文章，李先生又似乎信心满满地找到了答案：教育均衡、优等生容易教、教育机制、招生机制。那么，李先生说的"破解这个难题，也许是中国基础教育走向优质均衡发展的希望所在"的答案找对了吗？

要回答李先生的问题，至少要从9位诺贝尔奖获得者开始讲起。从2002年到2012年，至少有7次诺贝尔经济学奖获得者都在研究一类问题：实验经济学、行为经济学、机制设计、资源配置，而这些问题，是以20世纪60年代美国教授弗农·史密斯在学生中长达6年所做的一系列实验为开端的。2002年，弗农·史密斯获得了诺贝尔经济学奖，诺贝尔经济学颁奖词这样写道："史

密斯的贡献在于，为实验经济学奠定了基础。他发展了一整套实验研究方法，设定了经济学研究实验的可靠标准，并利用实验展示了选择性市场机制的重要性。"这话太绕，用弗农·史密斯的原话说："当年我费了很长时间才明白，教科书是错的，而学生们是对的。"

好在弗农·史密斯开创了实验经济学和行为经济学方法，让经济学不再成为玩笑的学科（玩笑的原因是经济学过去不做实验，很多假设，例如理性人，是不存在的）。让我们用下面追随者的有趣的实验来说明弗农·史密斯的实验，也说明这些年诺贝尔经济学奖获得者们都在做什么，同时也顺便回答一下李镇西先生的问题。

实验一：在极度恐慌的情况下，假如你得了病，有两种选择，一种是不吃药继续活2个月，另一种是10%成功的可能性，可以活5年，失败将马上死亡。

实验二：笼子中放一只小白鼠，里面放一个投食机关，做两组实验。一组是当小白鼠按动开关时，食物按一定时间间隔有规律地掉落，实验发现小白鼠只有在掉落食物的时间段才更积极地按机关。另一组是当小白鼠按动机关时，食物随机掉落，实验发现当有较长时间不掉落食物的时候，小白鼠按动开关的积极性反而更高，尤其当某一次随机落下很多食物，小白鼠会更加努力地狂按开关。

实验三：给你100元钱和两个选择，一个是继续赌博下去，获得200元或者一分钱没有；另一个是直接拿100元钱走人。如果拿到200元，是再用400元继续赌还是拿到200元钱直接走人。

值得指出的是，按照李镇西先生的观点，有一个确定的答案。而弗农·史密斯的贡献在于，上述问题没有确定的答案，不同的实验对象、不同的环境下，结果会不同。更加深入的是，弗农·史密斯总结了几十种标准化的实验，能够预测出人的行为在不同状态下的参数范围。弗农·史密斯以后，实验经济学和行为经济学有非常多的应用，如在债券、股票、电子商务、政府政策和机制设计上。

回到正题。2016年4月底，西安电子科技大学的学生在百度上查询推广信

魏则西去世热点

息治病，将最后的钱交给莆田系医生。从经济学角度看，这和上面的第一个实验基本一致，一个人在极度恐慌的不利条件下，倾向于赌博；而2016年5月5日，广州医生陈仲伟被几十年前的病人杀死，其原因竟然是病人装的烤瓷牙掉颜色了。虽然这件事的当事病人有精神病倾向或者病症并不具备广泛性，但联想起这些年来医闹后患者的意外所得和息事宁人，其实这和第二个实验非常类似：一个不断得到不确定正向回报的老鼠，是倾向于不断恶意尝试的，不断有闹事的病人得到意外的回报，老鼠们就不会正常地希望得到正常的食物和走正常的法律渠道；那个徐州以肾被摘除而影响巨大的假新闻，就是病人试图得到200万意外之财，也是与实验二基本一致的原因。

　　要解释李镇西的学校的难题，就只能靠实验三来回答了。人们看病时做的是风险决策，风险是确定的，收益是不确定的，所有的风险自己不能控制，可能全部都集中在医生那里，这时候，病人就像赌徒。而人在求学时，虽然在中国也是恐惧绑架式教育，然而风险却是未知的，收益也是未知和不确定的，人们对教育所要求的回报，有点像第三个实验，投入多少就有多大所得，因人而异，只是参数不同，人们都会见好就收的，也就是说人和人的不同仅在于赌几

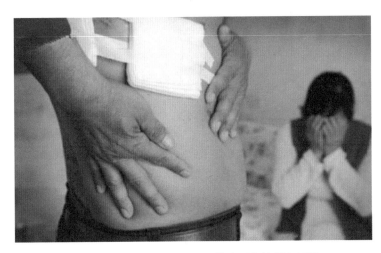

徐州病人为获取 200 万，无数次以舆论绑架医院。

次，不存在实验永远不会结束。

实际上，以上我举的案例，只是最粗浅的案例，为了便于大家理解，对案例中逻辑的严密性也没太讲究。

社会管理科学化是国际的潮流。而人本主义也早不再是一种情怀和理念问题。近两年的诺贝尔奖和无数的科学家都在严谨地研究这些事情，也正因为如此，医院如何解决医患纠纷，政府怎么解决资源分配，股票怎么避免道德风险，都已有逐渐成熟的办法。可惜在中国还是情怀满天飞，似乎一个简单的道德性口号就能解决问题，但从今天所讲的四个近期热点来看，这种现象只会越来越严重。而针对教育简单化和口号化，对名人情怀化的简单处理，教育和舆论还承担着培养未来人的素质的重任，我担心学校越来越像医院，等到下届"人民不行了"，今天的砍医生事件就会演变成明天的砍教师事件。

为什么在信息技术每 18 个月以倍速增长改变我们社会，主流社会学家和经济学家都在以实验精神作为基点考虑问题的今天，我们的主流教育家还停留在"善良的愿望上"？而更严重的是，把学生比作病人，在潜意识层面，这样看的教师和这样想的教师是不是也病了？

为课堂讲落实，说句公道话

经常看到一类在国外听几堂课后便写走马观花的教育感悟，然后就开始研究甚至出书的教师，虽然每个学者都可以有自己的看法，但是如果此类观点甚至实践被教育工作者广泛接受并成为主流，那后果就太严重了，最近一篇文章让我不淡定了。

有一篇热传的文章《为什么美国课堂不讲落实》的逻辑是这样的：在美国课堂听课看到的不落实的现象，发现不落实是为了保护学生的兴趣，进而推断出创新和长期的教育需要不落实，最后还隐含地得出中国也许要学习美国——只要保持5%的精英进行创造活动，没必要要求每个孩子都落实。整个文章的逻辑似乎是说中国的教师对自己和学生的要求太多，落实得太多了。

首先我要指出的是，并不存在所谓的"美国教育"。美国没有严格意义上的教育法（只有法案一样的东西），联邦政府管理教育是通过宪法和人权法等上位法来实现。美国也没有强大的教育部，教育管理权在各州。因此美国既有作者所说的年薪十万的美国初中教师，更有年薪平均只有3万不到的绝大多数美国教师，还有19个州允许用板子打学生的教育残留，在一些地区还允许小学毕业就不读书的民族政策。美国各州教育主要管的是教育政策和高等教育，事实上K12教育的权利在更低一级，并且对于私立学校和宗教学校是不好染指的。因此美国各州教育的差距，要远远大于中美教育的差距。

一味地学习美式教育而不思考其前提条件和内在逻辑，效果就很差。例如如果没有美国下午2点就放学的条件，翻转课堂无论如何无法翻转；一个班超过 25 个学生，走班制也无法实现；学校只要承担着升学的教育压力，置身于教考不分离的社会精英选拔机制下，快乐教育和应试就永远是两张皮。东亚国家教育惨烈，竞争都是存在的，印度韩国日本的应试教育比我们的更加严重。而高考制度相对独立的上海由于教育资源更像美国，前些年的教育方式和教育效果也与美国更相似；而这几年在高考制度全国趋同趋势下，上海又变得更像中国内地。

是不是随着经济和社会发展程度高了就应该学习美国课堂上不讲落实、不扎实、不进行痛苦的训练，上述就是创新教育的规律呢？从作者的文章中似乎能得到这样的结论，甚至还会得到只要 5% 的学生合格就可以的荒谬的逻辑。

首先，美国的精英教育及其课堂不是进行所谓的不讲落实的学习。美国的高中生想上好大学都要做作业做到晚上 12 点，早早把大学的微积分学完了，精英学生更是志愿者和长跑体育一样不能少，没有一样是不去落实的；其次，美国过于放任的公立教育一直让有识之士忧心如焚，"有教无类"法案的出台就是美国基础教育太不落实了而不得已出台的底线准则。而在美国短期考察的教师之所以一般都会认为美国教育很松，一个很重要的原因在于，美国的公立基础教育是完全划片区的，少数努力学习的学生往往被淹没，而美国私立学校和宗教学校又主要以价值观聚集，艰苦的竞争往往是在课下进行的。

不讲落实的美国的基础教育，造成什么样的差劲结果呢？我观察到很多中国的差劲的小留学生，哪怕还有语言问题，在美国插班留学，其理工科成绩很快就是班级佼佼者（作为对比而美国土著华人孩子就完全不行了）；而即使是文科学习中，中国孩子的学习习惯和素养也不弱于美国孩子。我女儿是上外附中初中毕业后到美国读高中的，第二个月就发现在语法和发音方面成为整个学校最棒的。老师将全班英语读得最快的 10 个人挑出来，再放慢几倍速度，女儿竟然是全年级第一，其实英国的孩子到美国读书也是如此，不注重语法和语音的美国人面对纯正的英式英语还是很自卑的，特朗普的几个孩子为了表示自己的贵族气，演讲特别注意语法和语音语调，这和小时候接受过特别的训练非常有关系。

基础教育的普遍不落实和课堂质量的低下，致使在高等教育中美国孩子在数量上全面落后，美国大学中的工科多被亚裔学生垄断。在我访学的卡内基梅隆大学的课堂上，只要牵涉数学计算，美国学生几乎不能和亚裔，甚至和欧洲学生同组讨论问题。

作者有一点说得是对的，就是在真正顶尖的学生中，美国的学生还是非常厉害的，但是这些学生厉害的原因反而是落实：课外活动极其丰富，甚至早早进行了专业训练。美国教育体系中不落实的课堂相对应在教育体系宏观层面有更多的落实的因素才掩盖了美国教育的很多问题：比如高中和大学课程的衔接，比如教材体系的细致，比如对一个短篇小说进行 3 个月的深度学习，比如学生有多种教育选择权。但是，这些并不能掩盖在普遍层面上，美国基础教育质量的下滑甚至低下。

最后顺便说一句，作者用北大清华的排名不如香港的大学来佐证落实的基础教育伤害了创新，其说法也有逻辑错误。清华北大综合排名不高主要是国际生和国际化因子低，和创新毫无关系，在全球工科排名中，清华大学已经连续两次世界第一了，这也是得益于中国基础教育的落实。英国教育部对上海基础教育进行研究后得出的结论说明，是中国上海的教研体系的落实，才使得上海连续多年 PISA 世界第一，这是我们的骄傲，为什么要急于自残呢？

中国的发展阶段、国民特点、比较优势需要我们的教育工作者冷静地借鉴西方教育，掌握内在逻辑，更要有自信去坚持和发挥自己的优势，如果一味模仿别人的做法，那才是误人子弟。

教师是阻碍教育进步的最大力量

想写这一篇文章已经很久了，也许会得罪很多人，但是作为普通教师的一分子，为什么不能对身处的历史和文化环境中的一个"标准"角色进行反思呢？既然林语堂的《吾国与吾民》已经有一百年了、柏杨的《丑陋的中国人》有 50 年了、卢梭的《忏悔录》也已经数百年了。作为一个中国的教师，为什么不能代表千百万"丑陋"的中国教师，向中国的学生、中国的教育和广大的纳税人道一声"对不起"呢？特别说明，本文指的教师是我心目中的"标准教师"，那些无怨无悔、潜心教育、潜心科研的精英人士切莫对号入座。

一、在全世界范围内，选择教师职业的人具有部分反创新情愫

先把问题拉远一些，第一个论题是：在当今全世界范围内，选择教师职业的人，在内心深处都有一种共同的不同于其他标准人群的"反创新的情愫"。2006 年，我父亲去世，2004 年我拿到博士学位，那时候太太办了现在的公司。父亲临终之前的遗言使得我走进了教师这个行业。因为他看我们两口子非常辛苦，考虑到我有博士学位和高级职称，希望我能够到大学当老师。其实我心里明白，老父亲虽然一生大智若愚、胸怀世界，但也绝非以天下为己任之人，他只是希望我能进入大学当老师，做了一辈子专家的他知道，面对社会的创新压力，教师是最好的避风港。

当了老师，业务对象也是各个大学，我飞快地与上海各类大学的各种专业

建立了不错的关系。"作为能人"，我总是会接到外地的朋友拜托帮忙在上海找工作。其中，无论是硕士毕业，还是博士毕业的寻求帮助者，最大的愿望是进入教师这个行业。一次，我见到一对东南大学的博士情侣，送了很重的礼希望我帮忙。礼我心领了，我知道这份重礼对于他们这种出自农村又是独生子女的家庭来说负担还是很重的。我看了他们的情况，条件非常好，两位非常具有实用技术的博士，已经有非常好的上海五百强企业的 offer，希望聘用他们做研发。一对内向的小情侣，学问并不十分出色。我问为什么非要去一个连硕士点都没有的学校当老师呢？他们告诉我，他们希望稳定，如果实在不行，进宝钢也行（他们听说我和宝钢的领导有同学之谊），因为宝钢稳定。

面对这一对希望来到大上海实现自己梦想的年轻人，我突然像用照妖镜一样照到了自己。我也不断地问自己，自己到大学是希望创新、希望将自己多年的高管经验带到学校，还是"反创新"的寻求稳定的因素在起关键作用。很遗憾，我没有给自己好评价。

当今世界与过去不同，知识已经普及并且数码化，真正对知识有渴望的人未必进学校。工业革命以后，企业高度发达，想做研究，更不必非要进学校。那些真正进了学校当老师的人，无论各方面如何优秀，总体来说，寻求稳定和自在，不愿面对世界越来越快的节奏和竞争，是基本共同的元素。这样，问题就来了，我们的创新社会所需要的人往往就不是老师喜欢的和起到重要作用的。

无论在哪种媒体上，我已经将近 30 年很少听见"教师"这个字眼了。著名创业投资家袁岳说，创业和创新的人最大的特点是喜欢不确定性、拥抱确定性、喜欢风险，而我们的学校、学校的教师最大的问题是保守治学、拥抱过去之学。

二、从中国的实际情况看，教师比学生、家长和教育官员在创新驱动视野下，更是既得利益者

由于工作关系（教育企业老总），我总是跟不同角色的大学、中学、小学老师打交道。而作为一个普通的老师，我也总是对普通的教师怀有深深的感

情。然而时间长了，我发现这种普通教师才拥有的"道德优越感"其实是一个伪命题。相对于普通教师，教辅人员、校长、院长、教育行政官僚们似乎更像正常人，而天天盯着前面不满的那些教师呢，其实更像一个既得利益者——不仅生怕自己的那份少了，还盯着别人锅里的。

教师也是人，院长和校长也是教师，本质上并没有什么不同，区别在于一旦有了行政岗位，压力和责任以及规范性、牵制性就更多了。其实，人也就更加正常了，正如社会和家庭，谁能不负责任和不顾其他呢？教师可以！

作为企业，非常难处理的事情就是客户向你伸手的时候，尤其是教育客户。但是，这些年至少在上海，无论哪里的校长、处长和院长以及非专职教师，事实上所处的商业环境都已经非常好，很少听说销售员有这方面的困惑。但是最怕的是一个普通教师刚刚升任处长、院长，或者一个普通教师负责一项非常有"油水"的项目。这些年的经验总结，我似乎感觉教师这个群体一方面假想领导们都贪污，一方面一旦有了"贪污"的机会，自己会毫不犹豫地抓住，这个比例要比非专职教师高数十倍。也就是说，作为标准样本库里的中国教师，其行为就像一头饿狼一样难以对付，我甚至不能说："好的占多数。"

事实上，不仅贪婪，教师更是既得利益者。我做过一个初步的统计，中国的中小学教师，单就课时和改作业的量来说，每周工作时间是美国教师的2/5，而中国的公立大学老师，其课业负担不到美国公立大学的1/2，中国的私立大学的负担要大得多。都说教育改革困难，其实大家都没说到点子上，最难动的奶酪就是教师这个群体。中国教育的惨痛代价就是教师被赋予了非常多的知识传授本身之外的道德压力和行政压力，而作为对冲，他们又面临了不该享受的远比他们的学生毕业以后要小得多的工作压力。

中国教育界的教辅人员比例、官员比例过高，权力过大，但是并不意味着他们比教师更加是既得利益者。我在不同学校呼吁过教育改革和创新实践，呼应最积极的并不是教师反而是其他人。在一所学校遇到过"匪夷所思"的现象，一个学校组织自愿参加的教育研讨会，来的80个人全部不是普通教师。我自己的关于教育改革和在线教育的讲座，学校图书馆600人的会堂被挤得水泄不通，来自学生、教务管理、外校的人远超预期，而几乎同时发的一个通知，仅全校 1000 名教师能收到且都是教师很顺便的时间，到了临场只有 5 个人到场。

另外一个非常有意思的信号是，在 2012 年前后，我加了 13 个不同种类的教师群，但都退掉了，因为到后面那些群几乎都变成探讨如何投机取巧和抱怨待遇的场所。这些年我见到的教育行政人员和院长校长们，几乎没有人提起这个议题。事实上，我知道，在中国目前的制度设计和实际平均情况下，他们之间的待遇并没有那么大的差距。

清末著名的实业家张謇谈到大学教育时曾说，我们的大学，只有 3% 左右是致用之学，绝大多数教师，学的是安身立命之学，是过去之学。从这个角度上看，绝大多数人只是找一份工作的应聘者，根本不是学生需要的改变世界的人，因此提出"父教育，母实业"，倾其一生支持教育。

三、从行业分布来看，似乎找不到比教师更加安逸和不愿意面对现实社会的群体了

与教师相对的是学生，在中国的文化背景下，只要你当过老师，就有"半个爹"的心理优势。然而，我又观察到一件有趣的事情，也就是在中国"师恩如父"的压力下，似乎毕业两年以后，师生之间的情感纽带就彻底断裂，甚至成为普通朋友的比例要远远低于通过其他关系成为朋友的。

教师无趣，是很多人不愿意回到老师身边的另外一个原因。无趣的原因是，教师的朋友和生活圈子里就只有教师。教师的朋友是教师，这是一个很奇特的问题，其背后的原因在于他们更加安逸和不愿意面对现实。

教师教的是大千世界，却并不愿意面对当今的世界。那么，愿意读书，就成为教师的共同特点。但是教师愿意读书，读的书却与其他行业所读的绝对不同。事实上，教师更愿意读教师写的书，教师更愿意读过去经典的书。相对于企业界在现实旅行、思想家在灵魂旅行，教师却在中世纪旅行。

在中国，各行各业被创新者打败时，失败者都会反思为什么失败，都会心疼于心服口服。只有教师，有一个接口可以面对万般：我们是教知识、我们

是教理论的。任何一个企业家都不会说，我的理论没有错。正是因为不面对创新、躲避现实，因此至今中国没有一个英语老师会惊厥于新东方模式，也不会有英语老师学习新东方模式，因为英语语法是永远不会错的。

四、抱怨和能力撕裂，成为教师不敢面对自我和不敢面对现实的最大问题

读的书和思想都是过去的，那么面对现实，教师也许是这个社会中抱怨最多的群体了。教师的抱怨往往来自对院长、校长待遇的意淫以及对社会待遇的意淫。总体来说，几乎全部人群都会认为自己的待遇"被平均"了。但是，教师的抱怨却是被惯出来的，因为这种抱怨，在一般的企业会马上得到负面的反馈，因此会被现实纠正。而教师所拥有的道德优越感，使得这种抱怨成为一种没有底线的抱怨。

抱怨还来自另外一个非常明显的证据。那就是，往往教师所教的学生的工资比教师高得多，师傅不如学生，抱怨就似乎正常了。在社会上，学生工资不如师傅，短期内及在一个公司内部出现并不频繁。这种抱怨，中小学老师最厉害，虽然事实上相对于学习成绩和学历，大学老师要怨得多。那是因为，中小学老师与社会的接触更少，想象成分更多。

抱怨归抱怨，而事实上从总体来讲，对教师的能力却是不敢恭维。中小学老师就不说了，说说大学老师。我在美国一个很普通的州立大学访问的时候，看见老师教学生 CAIVVAS，根本不用 PPT，一边编程序，一边上课让学生看，这样的现象很普遍。而在中国的课堂，如今要是把多媒体教室关上，我还真不知道有多大比例的老师，尤其是技术老师，还能把课教下去！更别说亲自干了。由于不能亲自干，又与社会脱节，其实中国的大学老师在教课的时候是很痛苦的：上课就像上坟，上课就像念经，燃烧了自己烧毁了别人，解剖的麻雀都是死麻雀。

基于以上论述，在大街上你非常容易找到大学老师：头发花白、面容呆滞、声音嘶哑、偶然露出不屑的自信，这便是我所指的教师。

五、从行业语言来看，教师已经形成了一套可怕的自洽系统，这种系统不仅与创新隔离，甚至是反创新的

我非常喜欢和目前 70 多岁的老教师聊天，他们是在"文革"前读大学，"文革"期间下放或者下乡，"文革"后有机会回到大学，一般情况下发表的文章不怎么样，做过的项目却往往惊天动地，由于个人的经历和行业的经验，他们不仅了解技术的发展沿革，还了解社会和企业实际的情况，甚至对于人性都有深刻的认识。而最近十年，这些人已然退场，接过接力棒的都是从学校到学校，在教育体系相互猎杀中的获胜者。这些获胜者主宰了一个别样的教育生态。

1978 年，在中国有过一个关于真理标准问题的大讨论，这场讨论奠定了思想解放和改革开放的理论基础。而中国 30 多年的教育改革，天天在改，似乎越改越保守，其原因不在于中央不想改、教育工作者不愿意改，而在于我们改革的列车在错误的方向上越开越快。在刚刚争论完"按过去方针办"还是"按既定方针办"的 1978 年，领导人的智慧使得全国人民不再唯上，而是认为"实践是检验真理的唯一标准"。那么，中国的教育到底是以什么为检验好教育的唯一标准呢？大家也许认为"唯分数、唯官僚、唯听话"，其实彻底错了。在中国，教育既不是围绕高考，也不是围绕官僚，而是有一套完整保留苏式教育的错误方法在主导着教育界。这种主导之严密，甚至没有任何一个教育官僚敢于提出质疑，这种体系甚至自成体系，不仅与就业无关、与高考无关，而且与创新完全背道而驰。

评定工资看年限、评定职称看论文、引进人才看获奖，这是基础教育的情况；高等教育中要看刊物的档次，要看获奖的级别，要看国家自然基金或省部级基金。这一切不仅与创新无关，与科研也没什么直接的关系，更和学生没有什么关系。知识本来就在边缘地带产生，但是我们的学科门类早已被门阀控制，真正的创新往往根本和本学科毫无关系。近些年的一些新的教育机构和教育现象，和教育学专业也毫无关系。

　　以上中国教育的自治系统导致了中国教师的自洽语言。他们在一起的时候，从来不谈论学生，从来不谈论教法，也从来分不清楚不同流派的教育学派的沿承和矛盾，他们在一起一定在探讨你我的工资、岗位津贴、谁谁发表了一篇论文、谁谁拿到了国家课题，似乎学生和教学不是他们应该考虑的。中学老师参加的培训多如牛毛，似乎和自己的教育没有什么关系，更多的是适应上级的检查和一轮又一轮花样翻新但没有什么实际内容的所谓教研。大学老师，似乎研究的课题高深得不得了，总找一些稀奇古怪的词汇来包装自己对于实践的无知，一旦获奖、文章发表，再也不会对自己的成果多看半眼。

　　诗是自己写的，一个诗人会吟诵千遍爱不释手，但是身处教师的自洽系统，教师对自己的成果从来是漠然处之，我很少看到有教师愿意看到自己的作品，哪怕多两次。这些年教育部门花了很多钱建精品课程库、资源库等等。我有一次去点击了某个花费不菲的平台，让我惊讶的是，全国的平台竟然没有我一门课100名学生的点击量大。

　　教师和学校这种自成体系的系统，不仅和客观世界缺乏互动，甚至还是反社会的、与社会隔离的。老师的老伴是老师，是教师群体中最常见的情况，在这种系统中，不出错、不让对方抓住把柄已然成为大家的共识。因此，如果有哪个老师胆敢创新、哪个学生胆敢违规，就会有一套大家都懂的家法被一步一步当作紧箍咒去拴住这匹脱缰的野马。在长三角某市某高级中学，某全国知名的信息学教师，每年总是能够带出来非常多的获得世界大奖的学生，该市教育局长曾经给我讲过一个故事，说这个学校曾经有老师联名写信说这个老师好多次没参加升旗仪式。局长的一句话"祖国在他心中"，巧妙解决了这场危机，后来干脆在这个高中建立一个校中校，方才解决问题。原因为何？教师才是创新的阻碍力量，一个创新的教师得罪的往往是不创新的老师，解决方法要靠行政手段，这也是中国教育的常态。正因为创新的阻碍是教师，我们才需要真正的教育家。

六、从实践情况来看，越是需要创新的行业，越是进步最快的行业，这个行业越是需要"没有被教育污染的人"

没有人敢说不重视教育、没有人敢说读书不好。人类历史的进步，波澜壮阔的是政治如海平面；波澜不惊的是政治如深深的海水；稳如泰山的是文化如同永远不动的海底。在 70 年前的中国，读书和受教育还是一件奢侈的事情，因此对积累的稳如泰山的词汇，就像教育、读书这样的，人们从来不会怀疑。然而，事实上海底也在发生变化，只是人们觉察慢而已。目前的教师，比起 70 年前，早已不是 10% 的识字群体和最优秀的知识分子，已经基本成为被高考猎杀场筛选的失败者，当今的中国教师，无论是大学还是高中更不用说小学老师，还有多大比例敢自称自己是当初的佼佼者？

非佼佼者所控制的教育，我称为"精英空心化"的教育，并不可怕。人有各种才能，且也不是所有的行业都非得精英似的治理，问题在于，这些教师还以精英的方式在治理学校。一个从来没强势过的人，一旦有了权力还自以为是的话，会体现出比精英更加极端的状态。这些年我调查中国各地的高考状元县、状元校，我看到它们的校长，一个一个自称教育家，采用极端违反人性的方式在摧残学生，还获得了成功，这种纳粹式的教育，据我统计来源于这些校长教育成长经历中失败的竞争。同样，一些底子不怎么样，采用非常简单粗暴但有点心得方法的所谓教育家，一旦有点名气，就无限夸大这种教学方法，就像一对不成功的父母，用了 12 年的棍棒，终于将孩子送进重点大学一样，这样的人似乎最有教育家情怀，也似乎最有教育心得。然而，十年树木、百年树人，所谓的这些教学成果，是不能经得起时间考验的，更是不能推广的。

然而，中国这 30 年的教育，正是被这样的急功近利的教育家绑架的教育，正是讨好于高考的教育。龙生九子，各有不同，我家弟兄 4 个，3 个博士，当初爸妈没有给我们讲过一道题，从来不敢说教育方法。我见过一个心目中的教育大家，培养了很多知名的学生，90 多岁了，他说"教了一辈子书，其实觉得老师挺无奈的，好学生教不坏、坏学生教不好，偶尔成功几个学生，完全是顺应人家天性，和我自己也没啥关系"。

教育，其实有很大的保健性质，也就是说满足人们的基础需求，真正高端的和创新的东西，未必是教育能够解决的，即使教育能够解决一些问题，也是事后分析，支持而不是管理。IT 经济的发展，使得这个行业几乎一些成功的创新者都是退学生。美国曾经有人做过一项统计，说上一所名校的前五位的学生取得成就的，比不上这个大学的高 2 倍；然而又有一项统计，说从这所学校退学的，成功比例高 3 倍；更离谱的统计还在后面，说由于偶然情况（生病、参军）没有被这所大学录取的，成功比例高 5 倍。

为什么退学生成为创业的主流，不仅美国，中国也有这个很奇特的现象。事实上，在创新这件事情上，无论以什么方式筛选下来的老师，国际上还没有一个方式能够证明创新的比例会高，也就是学校教育和创新的相关性很低。在一个"学校扼杀创造力"的演讲中，一个学者指出，学校采用标准化的考核方式，会扼杀真正天才的人。我在上海做过 20 年 IT 企业高管，发现 5% 最优秀的工程师，往往根本不是 IT 专业的或者根本没读过大学。教育的定式往往会伤害创新，而教育中的老师原本就不懂创新或者自己原先就是在创新竞赛中被淘汰的人。

1980 年，我自己的哥哥参加高考，那一年我 12 岁，天天跟着那批哥哥们混。那一届哥哥们的同学，如今取得巨大成就的非常多，这在当地是绝无仅有的一届。回想起来，当时没有补习班、不知道如何准备高考是很重要的原因，更加重要的是，哥哥们的老师都不是职业的老师，都是在"文革"中被打倒的知识分子，在教我哥哥他们之后也不再当老师。

后来，这个巨大国有工厂的子弟学校，教师专业化正规化管理，于是再也没有比较优秀的成群的优秀学生出现。

教育对于普及知识是有用的，但是对于创新所起的作用我们并没有搞得很清楚。大师无师，对于真正有创新精神的孩子，我们能够不害他们已属不易，但是过多的教师把自己的能力估得过高。常州市教育局局长发现一个规律：常州一中的老师当年是考不上常州一中的，能够当常州二中老师的，也是当年考不上常州二中的。我们并不是说老师智商非得一定要比学生高，但是如果我们的老师教智力水平普遍超过自己的学生，奢谈创新并且振振有词，是很值得怀疑的。

七、在中国，对创新最大的伤害在于，经过严格筛选智商潜质最强的 200 万高校教师，正在变得怨天尤人、无所事事还振振有词

中国每年录取大学生 900 万左右，4 年就是 3600 万，按照 1∶17 的师生比计算，就是 170 万，再算上研究生等，高校老师应该 200 万不到。按说这 200 万教师，都是经过将近 20 年从小学到博士的训练出来的最终获胜者。然而，这些人的精神状态整体来说并不好，比起国外处于教学和研究一线的博士级高学历群体，中国的多数教师总是在自然基金、社会基金、权威刊物、核心刊物、国外检索中打转，很少有人将教育视为生命，甚至很少有人像 IT 界、医学界人员那样兢兢业业。本来教师应该是创新的主体，然而博士一毕业就投奔文章、获奖和科研经费的漩涡之中，本来是一毕业的博士生才有精力、可能和最新的科技保持同步，却必须等 8 年左右拿到副教授才有硕士生辅助科研、毕业 15 年左右才能有博士生辅助科研，到那个年龄，自己早已与行政官员无异。中间有一个捷径，那就是去当处长、副处长。当这些处长、副处长掌握权力的时候，就有机会去换取大量的科研经费、获奖以及在评教授副教授中获取先机。还有另外一种更好的捷径，那就是以辅导员和当政干部的身份在职读硕士、博士，这一类基本上不会上专业课，更和专业创新无关的群体，成为教授的比例确实相当大，得到一定级别的领导岗位时更加年轻和容易，这就是我们经常诟病的教育行政化，由于这一类人从来不教课或者不进行科研，他们的教授更容易让辛苦从底线走上来的教授不安，因此学校原本纯净简单的关系变得异常复杂。

复杂以后的大学关系，就变得和人际关系一般脆弱，帮派、学派、门派互不买账，与中小学教师中一类特级教师永远不教课一样，大学里有一类教授永远也不会教课，但他们掌握了话语的主动权。没有掌握主动权的教师，在暗暗较劲，等到一旦翻手为雨，就会将权力运用在对付对手甚至对手的学生上，很少有宽容，也很少见到他们脸上的笑容。

中国教师，也是脸上笑容最少的群体。

八、面对创新，不再是教育重不重要，而是什么样的教育重不重要

教育当然重要，在识字率很低的社会，普及文化本身就是创新。而当整个社会进入文明社会的时候，如果有一种教育严格信守原教旨主义的传统信条，甚至拒绝接受现代文明，这种教育就是反人类的、反创新的，塔利班读经教育就是一例。当知识比较容易得到、信息过载的时候，基础教育少数普及作用不容小视，但更多的围绕创新的教育更加重要，而学校适应这种形态吗？老师适应这种形态吗？

在上述的情况下，在 9 年义务教育的基础上，基本普及 12 年基础教育，基本普及 12 年义务教育基础上的 3 年或者 4 年大学教育，甚至每年 20% 的硕士博士水平，真的那么有必要吗？教育不足所带来的风险，正在被教育过度代替。当所有的教育都进行完，一个人快 30 岁了，已经远远超过了青年人激素和精力最旺盛的年龄，哪有什么创造力可言。这个时候的教师，往往拥有的是较高的学位、一大把的年龄、强大的经济压力和惶恐不安的新技术压力，如何面对学生的创新？事实情况是，往往他们已经无法教 20 岁的年轻人了，20 岁年轻人所学的东西很少是老师教会的。

而一旦年轻人的想法与老师的发生冲突，尤其是技术上的，这个时候经常发生的情况是，老师运用非常得体的规则工具对学生进行封杀，而最常用的规则工具就是：文档、字词、错别字、做事态度，等等。

创新就这样被扼杀了。

九、教师自我教育能力的丧失，是教育创新问题的根节所在

美国的一个哲学家对女性有一个建议，要女性去工作而不是待在家里，原因是只有工作才能接触社会，才能摒弃自己的不安，也才不会将注意力过于集中在家庭内部的一座房、一个孩子、一位先生，夫妻关系也更容易相处。

中国的教师，就像一个从来不工作的妇人，天天盼着先生能给自己买华丽的衣裳，然而已经结婚数年的半老徐娘的胃口，总是不能被巨大的财政支出所满足，因此她们抱怨、申诉，她们认为自己做了全部的家务、认为自己带了全部的孩子还得不到充分的承认，极端不公平。而事实上，他们忘记了：钱是先生挣的。

教育的钱是创新挣的，在以创新为导向的社会中，创新者们的步伐越来越与教育远离，而根节在于，教师这个群体失去了自我教育的能力。

相比社会的各行各业，教师面对的失业的压力、经营的压力、创新的压力、工作不规律的压力最低，而他们所碰到的升值、职称、文章、考评的压力也基本与创新无关。很多老师 25 岁读的书和 45 岁的没有什么不同，25 岁教的东西和 45 岁的也没有什么不同，25 岁做事的方法与 45 岁时更没有什么不同，于是慢慢失去了自我教育能力，越来越与整个社会脱节。我们很难想象，一个 20 年不进步的其他职业的人员，如何过体面的生活？可教师可以，还能满怀不满，因此问题就出现了—— 一个不能自我教育的老师，其学生必然是不喜欢的。

我发现一个非常有趣的现象，很多家庭妇女为了孩子牺牲工作，全职陪孩子读书，但多数结果并不好。在中国，这样的家庭妇女不但与孩子和先生的关系处理不好，孩子的成绩也不行，如果夫妻双方都没有工作的话，孩子的成绩就更差。后来我发现反证也经常能够印证。一对非常优秀和忙碌的夫妻，即使没有时间陪孩子，只和孩子一起生活，其孩子往往也非常优秀，其原因也在于孩子的学习能力往往是从父母的工作和生活方式继承的，只有父母能保持自我不断提升，孩子也会学习这种方式。父母如此，教师如何呢？如果一个教师失去了自我教育的能力，其所管理的学生是非常悲哀的。从小学到初中，我自己女儿的家长会我是非常讨厌参加的，因为无论那些家长会灌输的育儿理念、注意事项还是恐惧吹风，只能证明学校的无能、教师的无能，他们已经没有能力指导我们的学生，只好绑架家长向学生施压。自从女儿出国学习后，每次我参加女儿学校的家长活动，就像回到了娘家，心情放松，而远没有参加中国家长会那种到了婆家的感觉。

　　一个中国的孩子，从小学长到高中，通过老师的努力，孩子懂事了，但我见到这些孩子阳光少了、阴郁多了，个子高了、幸福少了，在毫无创新老师的帮助下，他们终于成为痛苦的成年人，毫无娃娃时代的天分。

　　我原先以为这是全世界的普遍规律，后来我看了人家的孩子，发现长大后，人家依旧阳光灿烂、人家依旧童心十足。

　　拜托老师，别再毁我们的孩子，您只要做一个快乐的负责任的老师就够了，不需要您燃烧，也不需要您是蜡烛，只需要您对得起自己，因为您的45分钟除了教孩子外，更是您的生命。您教他们的东西，我认为很少随着年龄的增长学不会，而他们丢掉的，也许永远再也找不回来。

. . . .

变革 - 2

. . . .

技术的蝶衣

云行飞鸟瘦，

包浆真容漏，

唐宋以降书读透，

振华不留皱。

草木诗意厚，

亭台山水眸，

全景江南由此叩，

早有美人候。

——2016 年于苏州十中

　　苏州十中的这块生辰冈除了水浒，更有背后的皱、透、漏、瘦的人文哲学，我忽然悟到互联网和云、物联网和跨故事界、大数据和用户、生命科技和生态的技术思维。

教育之真，物化与蝶衣

文献记载，朱元璋一次朝见道教正一派掌门，当时称掌门为天师，朱元璋一听老大不高兴，说了一句："妄甚！天岂有师乎？改号真人。"从此以后，各大宗教掌门都称真人。事实上，"真人"这个词汇早就有了。唐朝官方认可的道教四大真人——列子、庄子、文子、老子，在道教中被认为是洞悉宇宙和人生本原，真真正正觉醒、觉悟的人。而"真"这个字，也和道教的逻辑祖宗有不可分割的关系，《说文解字》中，"真"的意思是"仙人变形而登天也"。而根据甲骨文的推演，真同贞，就是专职卦卜。在古人看来，掌握事物的规律是真，因此有真理，而真理的反义词是谬误，真的反义词是幻，而不是伪。

在艺术哲学中，有艺术之真。我们看一个美女，身材、服装恰到好处，称其为美女。但是要想画好一个美女，先要搞清楚美女的身体结构，就必须有写真的基础，因此从达·芬奇开始，西方艺术就开始了解剖和写真的历史。然而，写真并不是解剖，艺术之真是高于现实之真的真，画一个美女不仅要画得像，更要有灵魂，有血有肉，更要体现某种人文的美，这就是艺术之真。艺术有艺术之真，那么教育之真在哪里呢？各种新技术研究教育得到真实的数据之后，如何从物化到蝶衣，穿上美丽的翅膀呢？

一、技术之真还真不容易说清楚

随着信息化的发展，各种好玩的东西层出不绝，然而，好玩有趣的同时，教育的效果却并不明显，有时还适得其反。例如，用很多动画表示的课件，学校为了减少学生受伤而布置的虚拟工厂，为了体现和社会接轨的模拟银行，利用现代教育技术的远程教学，孩子玩得高兴的游戏教学，基于现实增强技术的VR场景等等，我总结下来，包含虚拟、仿真、模拟、映射、符号、抽象、远程、现实增强、游戏、位置学习、图层叠加、物联网等各种应用，但效果好的很少。有人总结是应试教育阻碍了这些信息技术的发展，有人怀疑学习就是痛苦的，不应太过于新潮，还有人认为是教育配套没有跟上来或者技术不过关。

带着这些问题，我在自己的课程上不断观察学生们在不同技术场景中的心理状态、教学效果和学习动因，再对比大量以市场和厂商推动的信息化教育失败的原因，得到的结论是：不是技术不能用、好不好用的问题，而是没有搞清楚使用技术的环境和技术背后的教育学问题，换句话说，技术的发展遥遥领先于对使用技术的教育学的研究。

在研究美国教育技术的使用中，也发现一样的问题。率先使用新技术的学校和老师会发现，使用新技术得到的教学效果"刚开始看起来比旧的方式更差，直到人们改变了他们的工作方式"。因此，采用新的教育技术，第一阶段是"物化"，第二阶段是"蝶衣"，就像从蛹到蝶的转变一样，同样一个虫子，还采用过去爬的办法是飞不高的。

更重要的是，虽然每一种技术会改变人们常用的行为方式，但左右教育效果的不是技术而是背后的行为方式。如果不对背后的行为方式进行研究，使用新技术带来人们行为方式的转变，却与希望的教育行为诱导南辕北辙，那就适得其反了。

例如，有了打毛衣这项技术后，外科医生练习这项技术和进行手术表面上看来毫无关系，但是指法上却有密切的联系，我认识的几个老一代外科男医生，毛衣都打得很好。然而如果用虚拟和动画技术教医学院的学生做外科手术，虽然表面上和教育更相关了，却没有向着外科教育所需要的行为模式发展，效果并不好。

按照这个逻辑，我们可以将远程技术和人的控制欲、模拟技术和人的胆量训练、仿真技术和重复训练学生的少出错能力、游戏和学生的竞争思维、推演和学生的深度学习能力、位置学习和学生的体验认知、物联网和学生的移动性学习对应起来，找到某种教育技术背后的行为逻辑，实现从物化到蝶衣的转变。

二、教育之真还真不容易看清楚

2011 年，一档电视娱乐节目使得"诺奖哥"留下了视频，而 2016 年初，美国将引力波证实的消息公布后，这位哥又一次引爆朋友圈。《电视节目欠诺奖哥一个道歉》被转发无数次，与此同时，各种各样的和宇宙射线相关的伪科学在朋友圈喧嚣。事实上，在是否有科学精神上，这成为一个试金石，科学的证伪、可重复的实证精神，很容易区分在舆情上混乱的思维逻辑。然而，判断此事的并不是专业知识，不少物理老师也会相信"诺奖哥"发现了引力波的所谓创造性，混淆创造性和专业性的关系。影响人们判断的是从小的思维模式，即无论具有多少创造性的发现，都要遵从科学的基本规律，进行概念的堆砌不但不能颠覆科学，还可能是一场闹剧。科学家具有新发现，思路再独辟蹊径，也要有严密的论证；发明家也可能做出别人想象不到的发明，但一定是在自己熟能生巧的领域。

相比引起一半对一半的科学的争议，作为转化学科的教育学就更不会有什么标准的验证方法。不同的教育学者，将自己在特定的环境下提出的针对研究客体的教育假说变成教育理论。相对于"真人"这种等待未来验证的教育家，所提出的完全相反的教育理论有时候同时会得到喝彩，哪个是真的？哪个是幻觉？还真不容易看清楚。

耶鲁大学校长说，如果耶鲁大学教会了学生一种技能，就是耶鲁的耻辱，在这种说辞被大量点赞转发的同时，中国山东的蓝翔技校声称自己的学生比清华的学生好用得多。也许你笑话蓝翔技校校长的言论，但是在 20 世纪 30 年代，芝加哥大学的校长哈钦斯和著名的实用主义教育大师杜威有同样的争论，却没人敢随便笑话谁。他们那场旷日持久的争论，在中国似乎没有什么影响。在中国，既推崇哈钦斯所代表的通识教育，又推崇杜威实用主义教育的大有人在，在我看来，哈钦斯没错，杜威也没错，两个都信的就错了。杜威和哈钦斯的争论实际上是英式教育和美式教育分野后的继续，历史上通识教育和实用主义教育的争论无一不以通识教育的失败而结局，然而我们不能就此否定哪一个，但它们确实水火不容。

有趣的是，以实用主义著称的杜威，最终无论是他还是他的追随者都倒向了最终的人本和素质教育；而高举通识大旗的，最终却都无法避免地陷入经典背诵应试的泥潭。教育是要效率还是要质量，教育是为现在还是为将来，教育是人的精神文化需求还是为社会培养有用的人？如果我们抛开具体的社会经济环境和面临的危机，谈这些事情都毫无意义，而对未来预期的不同造就了看似一团雾气实则完全不同的视角。"真人"这个道教的词汇产生了 4 个不同的大师，两大区别不小的门派和无数的真人，比道教复杂得多的教育，要想雾里看花从中看出真谛，就更难了。教育目标既然如此，围绕教育目标的教育技术，如果不回到初心、回到背后的行为，当然要失败了。

三、性情之真还真不容易保持住

无论是物化，还是蝶衣，教育的最后是围绕着开发教育对象个体，围绕着培养人。这句话基本是不错的，然而是废话。问题在于，作为本体的人，是没有内涵的，是必须依托于社会关系才能够存在的。

关于真，有一个很重要的词汇叫"天真"，没有经过学校和社会教育的人会被称为天真。作为一个儿童，天真很重要，作为一个饱经风霜的人，天真更重要，但中间状态，天真一点也不重要。从天真到天才，再从天才到天真，就是教育的使命。

应试教育到底重不重要、重视教育到底重不重要、背诵到底重不重要、教育惩罚到底重不重要、刻苦学习到底重不重要、熬夜学习到底重不重要、少年班到底重不重要、早教到底重不重要、分数到底重不重要、攀比心理到底重不重要……以上这些，都是被骂烂了的教育反面，然而如果说这些都是完全错误的东西，为什么能延续到今天呢？又为什么在世界范围内广泛存在呢？

　　教育的多样性来自教育的复杂性和由复杂所带来的适应性，我们说让孩子保持天性、快乐教育、适时学习，当然不错，然而如果搞不清楚背后真正的原理，说不定会走入另外一个更为危险的误区。关于真，在教育上有真实、真情、真理，就业是真实存在的。教育工作者既要保持学生的个性，又要围绕着教育目标去修剪，这是科学，更是艺术。

　　说来说去，一切源于教育是复杂的，而越复杂的东西，大师们就越愿意求真，希望用简单的东西去归纳，省得麻烦。做技术的人也总希望用一种简单的技术，解决困扰教育的大量问题。用比尔·盖茨的话来作为结束语："我们过于乐观地预期了明年的变化，而过于悲观地预期了5年后的变化。"

名可名，非常名；力可力，非常力

——概念

一

公元前 500 多年，与孔子和老子同龄的另外一个人邓析，在郑国开始了独特的法律实验。他完全不赞同孔子和郑国的子产所"忽悠"的等级礼制——语言不严密，尝试着在竹签上刻上各种罪名概念和简单的解释，主张在法律面前按照严格的条文，做到人人平等。当初的竹签还是比较精贵，刻字较难，字很少，"名可名"，邓析还是认为可以用法律罪名形成一个概念的"非常名"，那届媒体技术的介质不行，容不下那么严密的解释，因此邓析培养了大量的讼师，让他们围绕一个"罪名"做正反方面的辩解。邓析不仅开创了中国的律师行业，还开创了名家学派和"概念"的先河，有了"概念"，今后的教育工作者才可以为文科、工科、理科的学习提供高度抽象一致的对象。邓析的高明还在于，从辩证的角度看待名的演变和实质，通过不确定的过程，将名与实的关系的辩证性确定

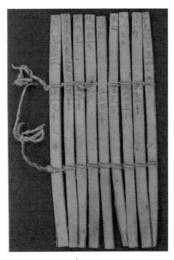

竹刑，就是将刑法以条文的形式刻在竹子上，是邓析的发明。

下来。

个人倾向于老子肯定受了邓析的影响，进而将规律也看成辩证的。"道可道，非常道"，今天我们讲授牛顿物理学的时候，就非常注意不那么绝对了，因为即使任何一个真理，在更宏观的角度，都会发生微妙的变化，但是如果不讲"道"，就会陷入虚无主义的误区。名家和道家在起源上总是黏在一起。名家接班人惠子，他最大的对手是道家的庄子，两人经常辩论，但"辩可辩，非常辩"，当惠子去世以后，庄子再也不愿意说话了，人们问庄子，惠子不是对手吗？如何人死了就不再说话了？庄子开口说，两人的"意会"不是常人能够理解的。没有了对手，庄子也无法体现存在感了。如果仅仅用概念分析，不仅当时的那届人民的介质不行，那届人民的语言也无法表示实质，那届语言也不行，只能"意会"了。

概念之所以存在，除了人的认识由浅入深外，人类概念起源时期的介质不行，也是重要的因素。

二

F=ma，是每个学习物理学的人必须学习的东西，无论哪一个国家的人、哪个国家的文化环境，"力"这个概念，在物理学出现之前，就牢牢地刻在这届人类的脑海中，成为常识。然而，2004 年诺贝尔奖获得者 MIT 物理学教授弗兰克·维尔切克从科学发展史、科学方法论以及文化与心理学的角度分析力的时候，盖棺定论了过去100 年的物理学进展，认为"力"只是一个适合人类理解问题的"虚伪的概念"而已。力的概念早在汉密尔顿力学的框架内就失去了存在的合理性，但它却一直贯穿于我们处理力学问题的思维中并在教科书中快乐地存在着。约100 年以前，著名哲学家罗素写普及相对论的科普读物的时候，有一章节就是讲"力的剔除"。但是100 年过去了，"力"不但不能被剔除，还永久出现在人们的物理教科书中。自从7 万年之前人类最后一次走出非洲成为今天的各色人等，这届人类的语言和思维模式，就必须有"力"。

那么，现代物理不需要"力"的概念，为什么教科书还一直在讲它呢？我们说一个道理，讲一个事实，就一定用人们脑海里已有的建构做映射，这也就是教育学所讲的"知识临近区"。力之所以存在，一是这届人类容易理解，二是现实常识世界有"力"的概念后计算简单高效，至于牛顿力学中的力是否是真实的也许对现代物理学来说是重要的原则性问题，但丝毫没有对牛顿力学解决常规工程问题的有效性产生影响。然而，现代物理学大到九天揽月，小到眼睛根本看不到，是超出人类肉眼能够看到的常识范围的，"力可力，非常力"，能源和质量比起力和重量，更难深入人们日常的感知。我讲授网络技术课程OSI七层协议的时候，总是拿立交桥做比方，但是边远的农村的孩子没有立交桥这个知识临近区，对此总是无法理解；而30年前的老师讲授这个知识点时，总是拿邮局做例子，现在的孩子总也理解不了邮局的流程，因为最近10年长大的孩子已经基本没有见过邮政员了。

看来剔除"力"，这届人类的汉语、英语、法语等文字，都不行。

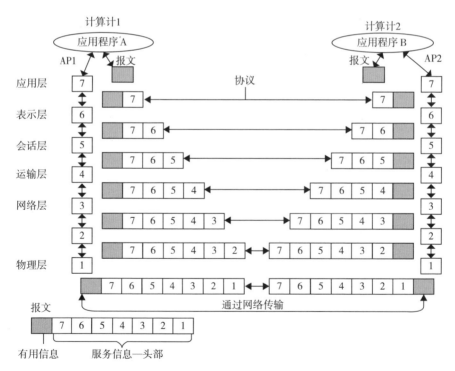

你认为解释这个网络技术知识点，用邮局还是立交桥呢？

三

2016 年 3 月，AlphaGo 与韩国棋手李世石大战。不同的职业棋手在 5 局棋中，不断用围棋的专业知识来判断 AlphaGo 的失误和精彩之处，中间过程跌宕起伏。然而，在谷歌公司的工程师的后台程序中，AlphaGo 事实上在一直领先和扩大优势，而且在程序编制中，计算机也并不知道什么围棋的专业术语（也就是"名"）。对于 AlphaGo 来说，是用两个比人脑更加严密的算法"策略选项"和"价值选择"来进行比赛的，不含感情色彩的 AlphaGo 一直在扩大战果，赢取胜利，而算不过来的围棋职业选手只能用中间概念"势""局""劫"来惊心动魄地预测。失败的那一局对于 AlphaGo 也很简单，并不是"脑子不够用"，没见过某种算法的 AlphaGo，是输入的初始量让它无法判断了，也就是"没吃的了"。对于 AlphaGo 来说，它根本不是一个棋手，也不会下围棋，但是掌握了更多更直接和原始的人类并没有命名的深度学习的中间结点，所以它能赢。

IB 有一门课叫 TOK（知识理论），主要讨论各类学科的理论体系是如何建立起来的，实际上也就是讨论人类通过何种模式和方法建立起知识体系的。其中有一种观点值得注意：过去建立的许多知识体系现在被证实是错误的，谁又能保证我们现在认可的理论在一百年之后还会被认为是正确的？霍金认为科学家就像是养在圆形鱼缸里的金鱼，用扭曲的观察和测量建立起了模型，又用扭曲的方法去使用，还挺有效的，谁还去管扭曲还是不扭曲？但是对于走出鱼缸的新一代和面对未来鱼缸外的世界的更多代而言，过去的常识已经阻碍了人类理解更广阔的真知，如果掌握新信息手段的孩子们不会，人工智能的机器更不会。

随着人工智能的发展，人类语言尚未命名的大量概念，会被计算机自动当作深度学习的节点而掌握，在"算"方面超过人，是必然的，拥有互联网大量资源的 AlphaGo 可以笑着说"这届人脑不行"。

美国至少百年来常见的放货物和信箱的邮箱，使得美国的孩子非常容易理解信息安全学科中"公钥与私钥"的概念，但中国的孩子总理解不了。

四

人类进化出来语言、文字、概念和各种教育手段，但事实上，这些手段并不是永久不变的。我观察发现自己女儿 2 岁时与不同种族的孩子一起玩耍时，大家很快地能够聚集在一起，不需要语言、文字、概念，就能做很初级、原始的协作。古人是听音乐、看手势长大的，有了语言后通过语言进行学习和协作，有了文字，通过文字进行更高级的沟通。20 多年前，香港和美国的孩子是看图长大的，今天的"00 后"也习惯于看图而不是文字。小女儿在网上下载了很多兔子动作的表情动画，通过社交网络与小伙伴们交流。在图形之后，还有动画、视频、虚拟现实、增强现实、混合现实、沉浸系统等各种各样的人类原来没有的技术进入人类的学习体验。正如这些孩子已经不愿意听我们所讲的"力"的概念一样，作为一个成年人，我根本看不懂两岁女儿能够看得懂的兔子表情在表现什么，然而这就是他们的语言，他们非常兴奋地沟通。

计算机发展到了全息时代，眼中所见、耳中所闻、皮肤所亲的感官，通过信息技术，将更复杂和更直接的信息传递给下一代，他们也许不需要语言、文字，就能沟通和学习更加复杂的恒久的概念，这些概念也只有这一代人的"意会"才能更加丰富地表达出来。每一代媒体技术背后的教师，总是看到了新一代的浮躁，忽视了浮躁背后的信息传递模式的革命。如果再将不适合的文字、语言的概念强加到新一代信息传递环境下长大的孩子身上，效果肯定是适得其反的。

那么在今后的教育中，我们的教师该如何教那些我们认为必须记住的"概念"呢？"概念"的表现形式又是什么呢？是不是这些"力"原本就是不存在的呢？在"力可力，非常力"的时代，什么是十年不变的知识、二十年不变的技能、三十年不变的教育体验呢？

不适应信息传递的变化，用力不对，这届教师就不行。

看过《巴啦啦小魔仙》的女儿玩累了对我说"爸爸，我需要能量"，而不是"我没劲了"。

虚情未必是假意
——教育中的虚拟化

人类历史的早期充满了神话。宗教史背后是人类的哲学史，而神话史背后是人类的科技史。西方如此，东方也如此。西方世界被洪水冲得到处乱跑的时候找到了诺亚方舟，这也不能怪他们，因为在西欧到中东的这个板块中，没有中国地势西高东低的走向，更没有难得的中国三江合源的地理水文。从女娲补天、精卫填海最后到大禹治水、台骀治水，中国古人从母系到父系终于治得了水了，这也构成东方世界集中力量办大事的文化和政治传统，不是因为人种有什么区别，是中国的地理让中国人有可能治水、治得了水。大禹治水三过家门而不入，除了热爱工作之外，走婚制的母系社会遗迹是更大的原因。当大禹的妻子女娇化作石头后，大禹向女娇要孩子启，一声巨响，更应该理解成父系和母系争夺人口的一场战争。古代人讲授历史，总是用神话故事讲述，而故事之所以变成神话，是因为神话比事实更逼近人类想象力的真实、更符合技术进步的趋势，情节是虚构的，意义却保留下最本真的东西。

除了治水外，中国古代一定也遇到了巨大的干旱，不然怎么会有后羿射日和嫦娥奔月呢？有阴有阳、有亲有疏、有日有月，虚拟化是人类最早遗传下来的科技想象力，如果想象力不存在了，务实的背后是社会进步动力的缺失。中国科学所地理科学与资源研究所齐德利博士说，如果孩子们都认为月亮上没有嫦娥、没有桂花、没有月兔，那么是我们教育的失败，巨大的失败。

舒婷：与其在山峰上展览千年，不如在爱人的肩头痛哭一晚。

　　华特·迪斯尼从小在农场长大，喜欢画动物，然而务实的父亲认为玩是没有用的、工作才是王道，于是见一次打一次，郁闷中的迪斯尼想象着动物们都有七情六欲、都会说话。后来迪斯尼在画画的时候一只老鼠成了他的朋友。1928 年，人类有史以来第一部有声电影的主角就是这只老鼠。迪斯尼世界是虚拟世界、动画世界，老鼠是假的、老鼠是不会打猫的、老鼠是不会说话的，然而正是因为在虚拟世界里能够表现现实社会中不能实现的"神话"效果，才激发人们无穷的想象力。越是有想象力的人越喜欢动画片，如儿童、艺术家、科学家。

只有虚拟超过现实，人们才会发挥想象力，探索未知的世界。山东蓬莱一带由于气候因素经常出现海市蜃楼，才有了人们最早认为的海上有神仙。事实上，海市蜃楼不是虚幻，没有想象力，人们也不会发明航海技术去做打鱼之外的事情。超越现实，是虚和假最大区别的试金石。如果是违背现实和低于现实的，就是假不是虚。《史记》中记载的寻访海市蜃楼的船到了现场，发现仙境在水里或者更远了，并没有说仙境是假的。

现在人们谈到虚拟化和虚拟教学，都会第一个想到节省成本。确实，1927年奥斯卡最佳电影和最佳机械奖《铁翼雄风》，不仅使用真飞机、真飞行员，而且全部编导人员都是飞行员出身，代价巨大。一位跟我很熟的做教育虚拟仿真的公司宣传时经常说虚拟教学的两个优点：一是便宜，二是可以把原先藏在实体教学内部的东西形象化地展现在学生面前，使得学习机械的学生不用看图纸就可以看见机械的内部构造。

我总是对这种观点怀有极大的质疑。2007年开始，我在上海推广实体的网络实验室，相比起很便宜的厂商提供的虚拟化网络实验室，我提出的最大的问题就是：现实网络工程师面对的网络故障，都不是虚拟软件所能训练的。十年过去了，目前几乎上海乃至全国的实验系统都使用了从几十万到几百万的网络实体实验室而放弃了虚拟实验室。我是机械材料专业出身，我对很多职业学校热衷于用虚拟仿真实验降低成本、减少学生实习危险、形象化展示页更不以为然。对一个工程师最起码的训练就是看图纸的想象能力，如果还需要动画来辅助学生看图纸，这个工程师是完全训练失败的。

那么，什么是真正的虚拟化教学的真谛呢？有实不用虚、虚情不假意、有虚必连实，是我这些年总结的使用虚拟实验室的基本原则。激发想象力、留下来真实的建构、颠覆不可能、保护被现实掩藏甚至伤害的深层原理，也就是虚拟化是体现了更高一层的教育之真的真实背后的真情、真理，这样才有意义，想一想精卫填海背后的真情、大禹治水的堵与疏的真理、海市蜃楼背后出海的

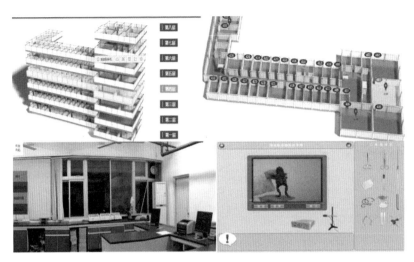

有实不用虚、虚情不假意、有虚必连实，是我这些年虚拟实验室的基本原则。

真干，以及阿凡达所带来的梦幻之旅的真实体验，虚拟化教学虚情可未必假意，省钱可也别想省了心。

第五种教师
——远程教育

公元 1057 年，苏东坡到达北宋京师，拜访了欧阳修，成为欧阳修的学生。其实，这时的苏轼已经学成，欧阳修也不曾教过苏轼课程，古代称这是著录弟子，就像今天的高官博导的名下学生一样。苏东坡从八岁开始，从自己的启蒙老师那里知道了庆历四君子，就私下远程拜他们为老师，其中最让他难忘的是从来没见过面的范仲淹，范仲淹没有见过苏轼而成为他的老师，古称私淑艾者，今天的说法叫远程教育，也就是治病的草香私自飘到了没有喝到药汤的人的鼻子里。相比前面两种老师，苏东坡的授业老师的名字都没留下来，授业老师古称先生，主要起到启蒙教育的作用。

与苏东坡一样，孟子更没有见过他的老师孔子，孟子的授业老师是孔子的孙子。为了弥补这个缺陷，孟子发明了一套能称为老师的教学系统，称有五种人可以当老师："天天在一起的启蒙老师、德行很高价值观稳定的、特别有钱能修学校的、能够答疑解惑的、冥冥之中能够散发人格魅力感染学生而没有见过面的。"这没有见过面而成为老师的被孟子称作"第五种老师"。今天诋毁远程教育的人可听清楚了，这是孟子说的。

如果说把孔子传孟子、范仲淹传苏东坡也归入远程教育的话，回顾远程教育的历史，与绝大多数人的想象不一样，远程教育在其进化的 2000 多年中，不但没有更远程，实际上发展趋势是越来越"近程"。孟子称孔子为他的老师，连自己也不好意思，到了苏东坡纪念范仲淹时，专门找证据说自己从八岁开始

赫伯特西蒙和纽厄尔楼，跟他们在同一间实验室工作，能称为他们的学生吗？

神交范仲淹，达 15 年，并且认识范仲淹 3 个最好的朋友，其理由还是牵强得很。在金庸的著作中，很多武林高手掉入深坑中很多年，偶然得到大师级武术全集，学会了即使其弟子也学不到的独门功夫，也不敢在公开场合展示所属门派的"水货文凭"。从电报学习、收音机学习、有线电视学习、网络学习到今天的在线学习、私播课，远程教育中的教师和学生越走越近。

1997 年前后，全国掀起了一批网络教育的热潮，各大名校也开始发放网络文凭，一时间很多有名校梦的学生趋之若鹜。然而马上碰到了问题：这种既见不到老师又不是本校老师教的网络文凭马上被市场自动贬值。在那年的复旦大学校园，一批报了网络文凭的学子由于信息不对称还发生了群体性事件：这种学生控制不了老师，老师也控制不了学生的教育，还能称为教育吗？

复旦大学信息办的高君老师，考察了美国很多的慕课课程，一直在追问这些名校慕课和他们真正的课程有什么关系，除了哈佛大学，答案几乎是一样的，除了有宣传作用，没有本质的联系。

2012 年，我到卡内基梅隆大学访学，见到了著名的管理决策大师西蒙的同事、学生，在西蒙讲课的课堂听他们讲课，在西蒙的实验室里端坐看西蒙的书，然而我要说我是西蒙的学生，方舟子一定会说我学术造假。当年的苏东坡可以这样说，我不行。

在同一间教室上课，听西蒙的学生讲，能称为西蒙的弟子吗？

仔细想来，控制心理是决定远程教育能否成功的关键因素：我不能控制西蒙，不能给西蒙评教优，也不能被西蒙控制，西蒙不能给我不及格，凭什么说我是西蒙的学生呢？

在整个战国时代，儒学和墨学是两个版本的最好的学校。孔子的学生墨子发明了巨子制度，将师对生的控制发挥到了极致。巨子就是墨家学派的大师傅，一次巨子孟胜受人之托却未完成，率领 180 位弟子以死谢罪，这种已经具有部分黑社会性质的师生关系，让墨家在当时的教育界傲视群雄。

墨家风格不足取，但是远程教育中人们的控制心理却是决定远程教育好坏的最关键因素。中国古代的鸣金收兵、击鼓进兵，长城之间的烽火台狼烟卷起，古希腊的马拉松送信，都是对控制系统和控制信息半径和速度的具体应用。照理说，第一个跑马拉松跑死的战士不必跑那么快，然而焦急等待的希腊市民就是要"第一时间"得到自己能控制的消息。鸣金收兵是因为金属的声音频率高，很远的战士都能听见，而击鼓进军是因为鼓随军进，频率低的鼓声传得近，但控制半径也近。

歌星演唱会现场，粉丝们可以得到歌星针对性的一吻，歌迷们一掷千金，这是因为不仅歌星可以控制歌迷，歌迷心目中似乎也有一丝独占感。澳门机场信息公司的王总发现，只要及时发布飞机晚点时间和让晚点的乘客免费上网控制手机，等候的人群造反率会降低数倍，这也是越不守时场合越有免费网络的直接原因，如机场、医院。人们打保龄球是另外一种控制心理，只有远程才能控制，一窝好好的摆的整齐的保龄球满足了人类的破坏欲，男人尤其喜欢玩。

远程教育下一个升级版本是实验室开放。通过远程、门禁、虚拟、视频、共享、开放、预约、同步等手段，学生们可以更高效地学习，其实，场景尽在掌控中，这也满足了人最本真的控制心理。

远程教育是个伪命题，远程的秘诀在于近。所谓场景革命，不是以在线教育代替真实教育，而是将在线教育和知识学习赶出校园，校园里只剩下师生互控的场景。

你想成为教育巨子吗？那就学学墨家，将课堂变成一个师生互控的场景。

看着西蒙的书，看着一样的西蒙看到的景色，称西蒙的学生会被方舟子打假吗？

练胆儿的地摊

——教育中的模拟

1862 年，正在南北战争期间的林肯签发总统令，按照每位议员 3 万英亩土地的准则，赠送给议员所在州作为开发农业机械化的校园土地。这一总统令使得美国农业机械学校获赠土地的总数超过了 10 个上海市的面积，也奠定了美国农业大国的地位，更为美国今后的高等教育奠定了基础，这就是著名的《莫里尔法案》。法案是南北战争的配套法案，旨在打击黑奴制度、加大北方擅

天高云淡，望不穿葡萄园，美国 1 号公路葡萄走廊。

长的农业现代化机械的作用。今天的加州系统下的 10 个大学就是在这种背景下发展起来的，其中以农业见长的加州戴维斯校区达到 30 平方公里。从洛杉矶开车到旧金山，一路上现代化的葡萄园有几百公里，一望无际，戴维斯加州大学的模拟实验农田，就比上海黄浦区的面积还大。在风景优美的 1 号公路穿行，看着数公里长的农业机械，不得不感叹美国人真敢想，而这种胆子背后的实验室也很大。

2015 年 12 月 18 日，清华大学化学系发生爆炸，一名博士后由于氢气装置有问题而殉难，舆论一致回忆这名去世的博士后的妈妈卖鸡蛋的鸡汤故事。其实卖鸡蛋和爆炸没有什么必然关系，而之前几个月天津爆炸案和之后几天的广州爆炸案，倒是和清华的这种专业有点联系。在全民鸡汤的时代，就连军训晕倒也会成为一个"政治问题"。大家也许忘记了，如果没有实验室的小规模可控的问题出现，我们大规模的城市爆炸会越来越多、越搞越大。10 年以前，清华大学化工系要在清华校园树立起一座几十米的反应炉，这件事虽然惊动了副市长，最后还是获批了，原因何在？因为如果清华大学的教授和本科生都没有见过几十米高的反应炉，那么何来未来中国几百米高的反应炉的安全？我原来以为清华大学化工系这个炉子是为科研做准备的，但清华大学化工系魏飞教授告诉我，其实教授做实验更多的是使用旁边那些很小的布满了电子设备的仿真系统，而这个最大的模拟的家伙对于大家做科研不起关键性的作用，主要是供本科生练胆子用的。

在写这篇文章的时候，我一直纠结是用法文的思路写、用英文的思路写，还是用中文的思路写，因为"模拟"这个词汇很容易产生歧义，最终我还是决定用中文的思路写。看下面这些英文单词：impersonate、analog、copy、imitate、analogy、phantom、emulation、simulation、virtual、dummy、invent、suppositional、fictitious、appearance，英文单词毫无相似，但是翻译成中文都能被翻译成模拟，这就是语言转换的问题，也是我们教育中经常出现的问题。有时候两个学者争论了半天，就像情敌一样马上要决斗，翻译成英文时，发现彼此爱的不是同一个姑娘。

清华大学化工系的学生如果今天没有见识这几十米的炉子，10 年后就可能爆炸几百米的炉子。

以上单词我们用中文翻译，可以标识成：扮演、模拟、复制、模仿、类比、虚幻、效仿、仿真、虚拟、制样、虚构、逻辑虚拟、虚设、模样。为什么我这么较真呢？那是因为如果不理清这些单词背后的意义和心理学动因以及学习的意义，我们做技术系统的时候就会南辕北辙。以上单词的大致意思都是模拟，但如果按照形状、动作、神韵、逻辑之间的关系及其程度来分，这些词彼此之间有细微的区别，我们的技术系统和教学系统经常混用，因而造成很大的误区。

本文前面讲到的农业和化工的例子，就是本文要谈的模拟系统。模拟系统前面的"模"是复制、样子、大小、仿制、实际、逼真合并的意思，也就是"一模一样"。后面的"拟"是仿、效、扮演合并的意思。在农业系统、化工系统、军事系统以及飞机驾驶舱，我们谈的模拟系统就基本上跟真的一样，至少感觉一样，为什么如此呢？因为拟这个词指人们比葫芦画瓢的动作，而动作如果不在真模中训练，就会失真、变形、出大问题。

三国时候的马谡，满腹经纶，与战国时的赵括有得一比，然而书本上高度抽象的映射系统并不能反映事实的全部变量，关羽大战黄忠，只有当事人能够知道彼此的分量。模拟系统最大的优势是什么？那就是刘备评论马谡时所说的理论和实际操作的对等能力，这只有在真实的模拟舱中才能训练完成，让理论既不高于也不低于实际。清华大学出事的化学系以理见长，而化工系的工程学科强调理论和实际的对等培养。同样一个大学的两个类似专业都有这么大的区别，我们外人和外行，哪能用鸡汤就随便定义呢？

模拟系统最大的作用是练胆，不仅我这样认为，美国材料和石油化工第一名校加州州立大学也这样认为，仿真系统用来训练科研，模拟系统的地摊儿货却用来训练胆子。

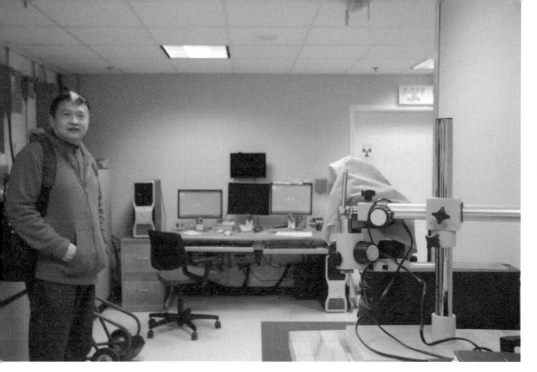

美国加州州立大学的仿真系统

加州州立材料学模拟系统

新东方颠覆了什么? 留下了什么?

——仿真学习

1900 年,莱特兄弟为了实验自己的飞机,建立了世界上第一个风洞,把飞机放进风洞里面,让这个模拟系统模拟飞机在空中飞行的状态,以便调整飞机的设计。在那个时候,模拟系统几乎是唯一的办法,但是耗费巨大,因为只有飞机造出来了才能进行测试,这样调整的成本高、周期长。到了 1945 年,二战正酣,美军需要计算导弹和火炮的弹道,如果用方程组计算要好多年,于是世界上第一台多用途的计算机埃克特在宾夕法尼亚大学被发明出来,通过计算机寻找方程的近似解,仿真计算从此成为工程计算的重要支柱。如今,计算

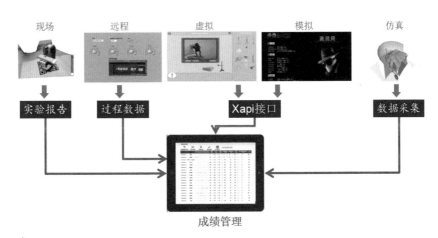

在叶铭博士的未来教育设计中,蝶就是庄、庄就是蝶。

仿真方法已经成为汽车、航空、航天、工程领域设计和学习的必然手段。

之所以需要仿真，是因为仿真系统具有高度抽象、反映事物的本真逻辑、成本低廉、预先验证结论等优点。除此之外，一个好的仿真测试系统可以低成本承受人们重复的训练，重复的训练可以稳定人们的成绩，在实战的时候成为本能反应，不至于出错。因此，仿真系统被广泛使用，甚至忘记了模拟系统，不信你将仿真和模拟输入一般的中英文词典，往往对应同一个英文单词。

公元前490年9月12日，一个叫菲迪·皮茨的战士在波斯和希腊战争中被指挥官派回去送胜利的信息，马拉松比赛就是这样诞生的。但是，最早的奥运会参赛者是业余选手，随着获胜者的荣誉和奖励的增加，在公元前390年前后出现了职业运动员。仿真系统的出现，使得跑得快和挣到钱成为手段和目标，从而迅速将人类的体育成绩大幅度提高，人们不再关心运动在训练战士中发挥的基础作用。正如体育运动一样，大量的不以学以致用为目标的学习系统的出现，迅速提高人们的学习水平和学习成绩，这种以分数为指向的学习，构成了现代教育主流的考试仿真系统。

仿真最大的好处就是大量、简单的重复计算和重复记忆，让输入和输出成为人的一种植物神经本能，如果输入对象是机器而不是人脑，那就像风洞实验一样节省了大量的财力和物力。1990年我大学快毕业的时候，开始有同学背诵英汉大辞典，之后出现的新东方模式更是使数百万中国人顺利地通过了美国人发明的标准化外语考试。新东方模式是以大量题库和真题模式代替语法和英语体验，直接用职业运动员的方式对抗马拉松战士，无往而不胜。

围绕考试的仿真系统并没有从此停止脚步。2011年，初中三年级的女儿告诉我有两个分别叫做精锐教育和学而思的学习机构，同学们一上，成绩提高迅速。我经不住纠缠带着女儿去看，发现这两个靠高考和中考上市的公司，将教育仿真系统的测试逻辑、应试逻辑、标准化逻辑、错题逻辑发挥到了极致，经过训练的学生出错率大幅度减少，学生已经不再是一个为未来而战斗的战士，变成了一个纯粹意义上的为比赛而获取奖金的"职业运动员"。

事实上，仿真学习并不是一无是处。到美国学习的中国孩子还是相对比较适应考试系统和标准化学习的，尤其在靠记忆和计算的一些简单智力贡献领域，华人确实有某种优势。仔细想来，围棋的复盘、小狮子从小的互相撕咬都是仿真系统，仿真就是训练，训练有素确实有用，尤其是在军队、特警、会计等需要动作稳定性的领域，新东方模式将教育的标准化和格式化部分成功剥离出去。

然而，教育毕竟是一个为未来30年配套的强制学习系统，针对过去的仿真未必适应未来的需要。仿真系统屏蔽了大量的非必要变量，使得计算效率大幅度提高的同时，也扼杀了创新。新东方剥离出去的标准化考试，留下来的创新空间，需要学校教育进行更加专业、有针对性地培养。

但是职业运动员只能证明自己跑得快，并不能证明自己是一个很好的战士。在很多教育实验室建设过程中，为了训练学生的职业素养，教师会按照主流企业的流程用仿真系统模仿真实企业环境，让学生进行感受。然而，教育并不同于岗前培训，因此往往不将很多仿真系统做得耦合度很高，目的是要发挥教师的能动性，使他们用松耦合的方式，提供任务式和启发式教学，其效果要好很多。

仿真、模拟、实战，我们培养的学生并不是为了奥林匹克运动和当高考状元的职业选手，更多的是围绕今后在社会战场的复杂局面而学习的学生，因此，仿真也好，模拟也好，最终教育的目的只有社会这个战场才能检验。

借我借我一双复眼吧
——从普适计算到物联网和云

苏轼有一篇谈如何读书的书信，是写给他的侄婿王庠的："书富如入海，百货皆有之，人之精力，不能兼收尽取，但得其所欲求者耳。故愿学者每次作一意求之。如欲求古人兴亡治乱圣贤作用，但作此意求之，勿生余念。又别作一次求事迹故实典章文物之类，亦如之。他皆仿此。此虽迂钝，而他日学成，八面受敌，与涉猎者不可同日而语也。"（《又答王庠书》）。大意是，由于人的精力有限，不可能什么书都同时读，自己每次想到一个主题时，会将所有这个主题的书都找来读，再想到一个主题，再找来与主题相关的书读。

这位画家，你知道不知道你画的苏东坡旁边的小孩长大以后是高俅？

苏东坡谈到他这种读书方法的时候说，这是愚钝的方法，但是很有效。苏东坡一生流离失所，到处飘荡，但他满脑子充满了奇思妙想，如果苏东坡突发奇想需要读某个主题的书，那么势必要马上能准备好，这就要求书童识字、能够火速找到书的编目，还得腿脚跑得快、头脑灵活，这对书童是多大的挑战！好在苏东坡有一个合格的书童，这个书童叫高俅。

书童也好，秘书也好，司机也好，跟着领导一起工作的日子长了，很多东西耳闻目染，反而从中学到了真谛，这点比那些几十年寒窗苦读的学子效率要高得多。英国著名的物理化学家和哲学家迈克尔·波兰尼，在70年前就发现，相比起文字和语言能够传达的知识，他1966年出的一本书《默会维度》，成为默会知识的开创哲学。

用迈克尔·波兰尼的思想来思索高俅的故事，对教育界可能会很有意义：如果能够将苏东坡与高俅交往的所有数据收集齐全，那么也许高俅读过的书和画过的画并不重要，重要的是全部交往中隐藏的东西，这些东西不是文字和语言高度抽象的东西，还会是什么呢？1987年，一位60多岁的老魏泽尔一边读《默会维度》这本书，一边向他的儿子推荐"高俅理论"。他的儿子马克·魏泽尔已经是马里兰大学的计算机教授了，听了爸爸的讲解后，做出了一个惊人的决定：辞去教职，专心去做这件事。

马克·魏泽尔从此致力于做实用的未来科技，他将这项科技命名为普适计算，英国人叫环境智能，也有人称之为普存计算，今天它有三个高大上的名字：物联网、云计算、大数据。

1991年，魏泽尔将他的思想整理成《21世纪的计算机》一文，发表在《科学美国人》杂志上，该文的发表奠定了他普适计算之父的地位。按照魏泽尔的说法，我们可以重新梳理一下人的成长过程：

- 文字和语言是人类创造的一种工具，最初的工具需要学习，但最终会成为看不见的工具融入到生活中，而今后的计算机及其计算都将成为看不见的信息化。

- 计算机的目的是帮助你做别的事情，而不是计算机本身，也就是计算机将看不到。

- 最好的计算机是一个安静、隐形的仆人，技术应该创造平静。

- 你可以通过直觉做得更多；计算机应该延长你的潜意识。

按照魏泽尔的理论，成为语言和文字后的知识本身不是核心的知识，背后的逻辑、数据、关联、算法等隐性知识更为重要，而魏泽尔之后的20年所发生的物联网（穿戴设备、移动终端、物联记录设备）、云（虚拟化、无线存储）印证了这一切。

如果我们用生物学复眼的原理来解释普适计算，就更加直白。我们看苏东坡的书童，只看到了高俅腿脚麻利，而如果用苍蝇的4000个复眼来看，会看到他会搜索、头脑灵活；再用趴在苏东坡茶壶上拥有28000只复眼的蝴蝶的眼光看，还能看出高俅这个家伙动作优美、诗意盎然、居心叵测。

对于教育工作者而言，未来的校园、实验室、课堂，到处充满了看不见的计算机的信息化，背后的逻辑由无数个默会的维度组成即插即用的复眼，也许我们只能用到其中的一个，但我们永远不能说苍蝇只需要一只眼。

借我们一双复眼，也许我们将来能够回答为什么迈克尔·波兰尼的哥哥成为大哲学家、自己成为大物理化学家和哲学家、儿子获得诺贝尔奖，也许还可以回答为什么魏泽尔46岁英年早逝，而他的妹妹也一样英年早逝。如果苏东坡也有一双复眼，那么是不是满脑子创意的他，能写出更多流传后世的诗词？

看似偶然的事件，多长一双眼，也许就不同了。

师与生，谁更应该穿旱冰鞋？
——示教

据说在 1968 年的墨西哥奥运会上美国奥运选手获得 21 枚金牌时，欣喜若狂的运动员将他们的功勋教练员送入游泳池，结果这位教练差点淹死，这个教练叫查伏尔，从此每当运动员们获得好成绩时，查伏尔总是悄悄溜走。

事实上，查伏尔不仅会游泳，而且青年时期在游泳项目上还是全国大学生冠军，只是在巅峰时期，因参加二战而错过了成为专业运动员的机会，退役之后，查伏尔当过教师，读了心理学的博士，又当了游泳教练。查伏尔的两本书《游泳科学》和《竞技游泳》奠定了其游泳理论的泰斗地位。今天说起来很简单，查伏尔认为游泳的关键是上升力而不是后推力，查伏尔训练运动员就是用设备和理论来分析检查运动员的动作，而不是亲自示范，再加上查伏尔喜欢扎着领带穿着正装训练运动员，才有了他不会游泳的笑话。据统计，查伏尔训练的运动员 63 次打破世界纪录，总共获得 16 枚奥运会金牌。

从查伏尔开始，美国的游泳训练进入到一个新的历史阶段，也就是不仅有理论支撑，还充分地利用技术手段，再加上团队训练，作为总教练的查伏尔的游泳天赋反而不重要了。

旱冰教练，要求学生先教摔，后教走。

2016年我陪4岁的女儿练旱冰。我这个不专业的父亲，是先教女儿走，而迪卡侬专业的教练，先教学生们如何摔，然后教如何站。我看着专业的教练的示教，得到了以下教育启示：

- 先教摔比教走重要。
- 要的不是不要摔，而是不怕摔，摔了也没问题，重要的是摔后如何起来。

- 没问题，是因为摔有标准动作，失败比成功更有学问。

- 想学会摔，首先要装备齐全，护膝、护肘、护手、护盔、护垫，教师发挥作用的基础是实验设备到位，而不是爱心。

- 教练一再强调家长离远点。学习是专业，爱有时起反作用。教练更重要的是职业，而不是爱。

- 最为重要的一点，教练并没有穿旱冰鞋，教和学完全是两种学问。

2016 年 5 月 23 日，华东理工大学一名硕士生在导师的工厂中进行中试，结果爆炸身亡。此后，华东理工大学马上发表声明，说在 2007 年华东理工大学就禁止教师在企业担任实质职务。我观察网络的舆情，几乎一面倒地说这个教师不务正业。对此，我坚决不能同意。我与几个工业界的教授，几乎意见一致。首先，华东理工大学声称的大学教授不允许担任企业实际职务，并不为真，如果为真，今后的化工厂绝不敢用华东理工大学训练出来的学生以及教师设计的工业装置，因为他们根本没教过炸（也就是摔）；其次，学生动手做实验以及中试并不是问题，发生爆炸也不是问题，赚钱也都不是问题，研究生死亡与农民工死亡一样值得惋惜，最大的问题恰恰在于华东理工大学和这位教授，似乎既没有教摔，也没有好好教走，更没有护膝和头盔的示教，让学生直接去跑（外行还有一个害怕和小心），道德质问的背后掩盖了更加严重的教育的专业性滑坡，这是一个专业的问题，根本和道德无关；第三，更加令人担忧的是，这位教师教授时至少还发生了小爆炸，研究生们至少还见过真化工，我不知道那些被学校声称不允许在企业担任实际职务的教授，是如何教学生的，而在宁静的上海，在不允许经过训练的最好的化工学科的华东理工大学的毕业生手中，还隐含着多大的爆炸和死亡？

信息技术的发展，使得越来越多的标准动作可以通过更加专业的示范、视频、微课、课程平台、远程教学来完成，教师也越来越多地可以穿着西装打着领带看着学生进行训练和学习，但问题在于，教师更像导演，更加关注的是学习的过程而不是动作，学生越来越多地使用旱冰鞋而不是教师，学远比教重要，而教也远比学更具有技术含量。

上海海洋大学食品学院的教师，在技术的帮助下，示教更像查伏尔了。

　　像中山大学药学院、苏州大学纳米学院、上海中医药大学、西安医学院、遵义医学院、上海海洋大学，越来越多的教学互动系统解放了师生，但对教师的专业性提出更大的要求。

　　示教（jiào），是四声，与教（jiāo）一声不同。一声的教强调示范和言传身教，而四声的教却重在在纠正与矫正。古代甲骨文的教左边并不是孝，而是"攴"，意思是小孩子写错字办错事，用棍棒矫正。随着信息技术的发展，越来越多的教师，更多地起到校正和监督规划的作用，而示范也更多地通过使用视频和技术手段来完成。

　　因此，示教，更多的不是教师示教，而是学生示学。

《九阴真经》精品课程中的教师作用
——数字时代的信息产权

公元 1111 年，按照历史记载，状元黄裳开始了钦定的大道藏的编辑，就是要把天下的道教相关书籍全部整理一遍。黄大师每周仔细阅读 27 万字，并整理心得笔记，使之成为精品课程。前面都是历史，但在金庸笔下，这个精品课程竟然成了《九阴真经》，而黄裳也一不小心成为了天下第一高手。此后，不断优化《九阴真经》精品课程的黄裳，将课程藏在了石头里面，被黑客盗走，引发了下图十代人的争斗。

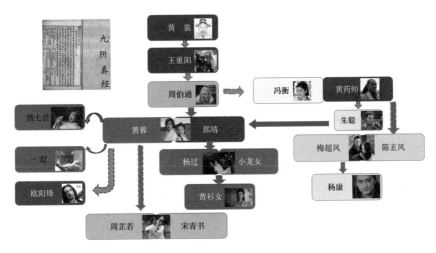

《九阴真经》中的逻辑传承

金庸的小说当然是杜撰，但在这个关于精品课程的教与学的人性系列作品中，我们可以得到以下启示：

- 真正顶级的教师，创造课程而不是学习课程。比如黄裳，研究文献与实践却高于文献，成就一代制高点的精品教材。

- 到处听课的老师不是好老师，一流高手收集资源却并不随便使用资源，这样做是为了保持自己体系的完整性。例如王重阳和周伯通，他们即使使用别人的系统化资源，一定是为了救命而不是提高水平，比如洪七公和一灯，他们作为老师的价值不仅是拥有教材，更不只是拥有精品课程，更重要的是知道如何并针对性地培养学生。

- 全国人民都想得到的所谓精品教育资源从哲学命题上看说不定是个伪命题，真正的教育家要毁掉它。这是因为心术不正地使用别人的课件却不付出必要的成本、不掌握完整的逻辑会害死人。

- 毫无根基的人，拿了再高的真经，还是什么都不会；根基很浅的人即使拿了整套的真经，最后还是不能掌握真传，比如周芷若和宋青书。

- 除去课程的真实逻辑，偷鸡摸狗地掌握所谓秘诀，可能短期迅速提高功力，但最后会走火入魔，比如欧阳锋和梅超风等人。

- 学得好的学生不光有秘诀和真经，还要有老师指导，信息来源越多越正宗越充分的，水平就越高，比如郭靖和黄衫女。

- 再严格的知识产权保护策略，都不能避免泄密；师承的秘诀是师生关系而不是门派强制，最终获得真传的学生是对教师和知识真正尊敬的学生，比如憨厚的郭靖，比如面壁多年的杨过、小龙女和黄衫女。

精品课程中的课件权利属于谁？教师为什么不愿意把自己最好的东西贡献给教育机构或者其他老师？课程的核心到底是什么？在线教育如火如荼的当下，死去的平台和无人点击的课程到底哪里出了问题？《九阴真经》引发的故事，也许能从另外一个角度给我们启发。

精品课程的创作权当然属于老师，学校和教育主管部门购买后放到课程平台上开放给固定或者不固定的学生，产权当然发生了转移。产权转移前，支配

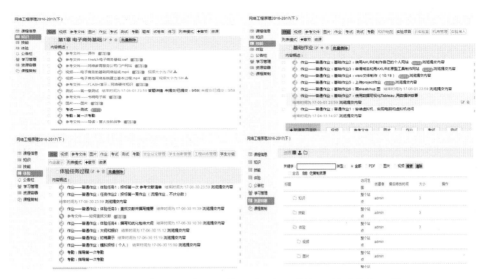

魏忠老师设计的资源容器支持下的知识、技能、体验教学逻辑

权在老师；产权转移后，支配权也并不完全在购买方。

　　未来的课程平台的秘诀，不在于开放，在信息过载和学生精力有限的情况下，向特定或不特定的学生"不开放什么"，体现了教师真正的水平。教师不是知识的创造者，正如黄裳并没有创造道家和道教的真传，但《九阴真经》是一个关于知识体系内在联系的索引的教科书，不同的学生需要教师的引导，断章取义获取的秘诀也许好用，却有可能伤害了别人和学生。

　　理想的教学资源系统正在出现。云和微服务技术的进展，使得最后的教学课程平台，没有资源和数据，只剩下教师的教育逻辑，教学资源以资源容器方式存放在各种云平台上，能否获取由学生的权限决定：教育部购买的放在国家云、学校购买的放在学校云、老师自己的放在私有云，实在不行，老师笔记本一断网，学生只能看到资源链接，看不到资源。

　　那么，在线课程如何更新资源、如何尊重老师呢？事实上，大家想想就明白了，有几个在线课程的资源和管理方，采用鼓励原创教师自带粉丝提供服务和更新呢？有哪个平台按照点击付费给老师呢？这才是真问题。

从教育信息技术到教育信息思维

信息技术的发展使得人们的技术工具和随之而来的思维方式发生重大变革：云技术与互联网思维、物联网与跨界思维、大数据与用户思维、生命信息与生态思维。受技术和思维方式的冲击，这个时代对于教师而言既是失望之冬，又是希望之春。真正的教育创新是基于长时间、艰苦卓绝和对特殊群体仔细的观察和样本的剥离才可能完成的，目前中国教育走向了一个关节点，世界的教育也走向了一个关节点，民众对教育有很大的期待，各种各样的有益的探索如雨后春笋，中国的教育进入到一个思维最活跃的年代。

一、从互联网＋到物联网＋

1. 云技术与互联网思维

1995 年，比尔·盖茨撰写了《未来之路》，在这本书中，比尔·盖茨设想今后由于互联网的发展，人们的生活工作方式会有重大变化。时间过去 20 年，比尔·盖茨所设想的十多项重大变化全部应验。更加超出想象的是，互联网不仅改变人们的生产生活方式，而且改变人们的思维模式。今天信息充分流动、边界条件发生改变的情况下，人们看待世界由此产生的价值函数也发生了重大变化，具体如下：

● 从所有到所用：人们不再关心服务器、硬件设备和资产规模，转向服务和应用。

- 从二八到长尾：传统的商业模式和思维模式是抓主要矛盾和规模用户，由于有了互联网，小众用户照样可以在全世界聚集成一个规模用户，而且抓住了少量用户的发展趋势和成长规律，更能抓住未来。

- 从分众到聚众：众多的用户不但成为消费者，而且成为生产者，众筹带来投资模式和需求组织模式的重大变化。与此类似的思维变化还有从等级到扁平，从规划到涌现，从群众到粉丝，从传达到喧哗。

- 从持久到即刻：互联网除了找得到任何人，更重要的是即刻找到，这就将任何人之间的关系从状态转变成过程。

2. 物联网与跨界思维

在撰写《未来之路》这本书时，比尔·盖茨在自己新建的家中建了概念性的物联之家，将西雅图的新家建设成一个物物相连的传感网络。物联网思维的核心是跨界，最能说明问题的是星巴克咖啡。星巴克咖啡卖得不是咖啡而是咖啡主义：扑面而来的咖啡香味、张扬的咖啡制作动作、到处渲染的咖啡装修、没有包间而故意设计的能听到邻座的跨界座位、很贵的咖啡筛选出的同一社交群体。物联网跨界思维有以下几个特点和变化：

- 社交化代替组织化：通过手机相连，微信用户已经超过 6 亿；通过电脑相连，QQ 用户已经超过 8 亿；手机不仅成为人们沟通的工具，朋友圈更成为人们思考和生活的工作模式。

- 临时性代替稳定性：由于互联网和物联网的发展，在纽约工作的人更多的每周只在纽约开一天会，其他时间在新泽西的家中，而上海的公司总部更多的迁往全国各分支机构，通过远程网络去控制现场。

- 做得到代替想得到：由于技术带来的可能性，树莓派这种玩具卡片电脑从设计出来到每年百万千万生产量只需要半年到一年时间，而他们的用户是全球各地以此为模板进行二次开发的创客们。开源硬件运动使得物联网开发成本更低，更多的人不再满足想得到。

3. 从在线教育，到场景革命

云技术与互联网思维催生了信息交互和社交网络，其交互性最终带来了学习的革命。仅从学习知识来讲，新东方模式进而演变成为沪江模式，几百人、上千人、上万人的互动学习已经成为非常容易和高效的事情。然而，教育与学习有着本质的区别，在线教育更多集中在碎片化、知识型和浅学习，基于任务学习、教师指导、强制未来学习和实验室学习以及体验学习，是传统教育的优势，也是物联网给予传统教育的最后一次逆袭的机会。通过影子系统和虚实互动实现的实验室场景革命，将彻底改变传统教育冷冰冰的形象，组成校园的将不仅是钢筋和水泥，更有比特和爱。

二、从情怀到变量

任何一个行业和社会分工要讲科学，更要讲情怀，然而，如果科学基础薄弱的话，情怀就会成为虚伪和效率低下的借口，教育正是这样一个行业——高尚的教师情怀是通行证，误人子弟的教师情怀也可以成为座右铭。传统的小数据和量化评估，由于缺少了长期变量和个性化基础数据越来越被质疑，大数据应运而生。大数据、小数据和将二者结合的应用，实现了教育从理念到科学的转变。

1. 大数据与用户思维

大数据有以下几个与传统统计抽样数据不同的特点：

- 全量代替抽样：教育是个性化的和基于个体的，全量数据能够充分提供教育个性的可能性。
- 相关性代替因果性：相比起因果分析的逻辑严密性和科学性，教育学更需要及时性和高效判断，大数据提供了很多的可能，但这更需要人的作用和行业的经验。

- 看得见代替想明白：由于大数据的大量、非结构化的特点，很难也不必用一种方式给出必然的结论，可视化就成了大数据的重要分析工具：信息可视化、数据可视化、信息图、用数据讲故事，越来越多的实践方法被应用。

- 用户主权代替顶层设计：大数据最大的意义在于用户可以通过技术化的工具得到更加个性化的结论，而不必像以前那样依赖专家，这最大的意义在于支持创意和突发奇想，也支持和把行业经验上升到一个崭新的高度。

- 碎片化代替结构化：碎片化和非结构化是大数据很重要的特征。太过于结构化的紧密耦合的系统，往往会筛选掉有用的变量。然而，太碎片化的信息和数据会失去逻辑和关联的信息，就失去了深度。

2. 从大数据到数据科学

在大数据之前，没人谈小数据，因为那个时候人们认为小数据是"优质数据"，大数据的概念被热炒之后，人们重新开始审视小数据。大数据固然打开了人们考虑问题的一扇天窗，却并不严密。目前，数据的研究热点已经从大数据转向了数据科学，大数据和小数据各有其用途能结合行业知识，懂得大数据和传统的统计学，掌握算法、软件技术、网络编程技术、可视化表示技术、搜索技术等技能的人被称为数据科学家，教育呼唤未来的数据科学家。

三、从教育学到系统教育学

1. 生命信息与生态思维

从 2012 年开始，美国的博士后研究人员招聘就存在两个 70% 现象——70% 的博士后岗位来自医学生物学，这其中又有 70% 来自统计、数据和信息相关岗位。大量的研究揭示了记忆的奥秘，也深深影响了学习与教育。坎贝尔对海兔的实验结果显示短期记忆和长期记忆是完全不同的两种记忆，也许意味着我们传统用短期记忆筛选女学霸的方法对于男生很不公平；基因和统计学展示的同性恋者的创造性，也许提示人们要对过去的道德标准进行修正了；网格细胞的发现，也许证实了杜威教育既生活、学校又社会的理念，更印证了心中有图脑中才有世界，更支持了图形化教学；多巴胺的发现，也许提示人们激情这种东西不仅是语言激发出来的，更有生理学基础，不但催生了沉浸式教学、现实增强教学，更加提示我们实际场景的实验室应该比教室更加重要；深度学习已经被广泛应用在视频识别、图像识别上，这个得益于人工智能专家对于大脑分层思考的揭秘，也对我们在信息化时代如何在碎片信息的基础上发挥学校任务教学的强制性优势给出新的任务。糖尿病等多种基因的发现，更加让科学家知道环境的复杂性造就了生物的多样性。生命信息不仅带来人工智能的发展，也将带来教育基础的变革，人们从机械学习逐渐进化到生态教育。

2. 从元数据到元教育

上面谈到大数据和物联网，还没有谈到最重要的物联网和大数据的来源：生命信息和脑科学。20 世纪 50 年代以后的 30 年是心理学快速发展的时期，这 30 年是人类生命信息快速发展的时期，教育的基础发生了巨大的变更，生命信息的相关成果成为教育学的基础。在数据领域有一个概念叫元数据，就是数据的数据，指的是比数据高一层的逻辑，借用元数据的概念，元教育也应运而生。

3. 从转化教育学到系统教育学

为什么在英文单词中有社会学家、科学家、哲学家、心理学家，而几乎没有医学家、教育家呢？那是因为有些学科是最基础的学科，有些学科是转化和应用学科。在近几年的医学界，转化医学是一个热点，它是近两三年来国际医学健康领域出现的新概念，同个性化医学（personalized medicine）、可预测性医学等一同构成系统医学（systems medicine，包括系统病理学、系统药物学、系统诊断与综合治疗等）的体系，是为了将基础的化学、病理学、生理学等基础学科和临床医学紧密结合的一种医学。与医学类似，教育学不是基础学科，因此美国等很多国家本科并不开设教育学专业，而是要学教育学的基础学科。

心理学、生理学、信息科学、符合逻辑学、行为科学、生命信息和脑科学，今后将成为教育学的基础，教育学将摆脱社会科学的分类，而进入应用科学和实践科学领域，出现新的系统教育学。

四、从现代教育到未来教育

面对未来的教育，大量的知识不再是学校学习的唯一和主要功能，教育与学习不同，更要面对未来 10 年、20 年、30 年甚至 50 年，这就不仅要有信息技术，更要有信息教育思维模式。这种模式是从围绕知识的教育向围绕创造力的教育的转变，是从教授过去的知识向教授未来技能的转变，是从教授教师知道的东西向教授教师不知道的东西的转变，是教师从教师向教练的转变。学生的学习方式已经发生了巨大的变化，颠覆的学习、重构的教育势必成为必然。从孔子的田间到柏拉图的庙堂、从朱熹的书院到洪堡德的大学、从杜威的实验学校到可汗的翻转课堂，每次的技术革命总是伴随着学习流程的革命，今天我们需要一场学习的重构，我们需要一场学习工程与流程的再工程。不管怎样，我们都将迎来拥有崭新思维模式和掌握崭新信息工具的一代，颠覆性的学习方式正在冲击着超稳定结构的教育。预测未来的最好方式是创造未来，创新点难寻并不意味着创新虚无主义。我们可以脚踏实地地对古今中外的教育要素进行学习和研究，重新发现学习与教育的价值。重整与再造是从一个管理信息系统延伸来的学科概念，有以下几个层面的分拆：review、rethinking、reset、re-engineering、re-build、revolution，我非常喜欢 re-engineering（再工程）这个词汇，各种各样的教育看法都不是凭空而来，人类教育的知识、技能、体验，需要越来越多的教育工程师去重构、去深化、去整合，世界因为不同而精彩，教育因为智慧而跃升。教育工作者应该戒骄戒躁，既要有教育家的情怀，又要紧紧压制住自己内心教育家的冲动，务实地沉浸在教育过程之中。教育工作者肩负重任："我们要引导教育走向天堂之路，我们要远离教育的地狱之门。"

最大限度利用资源，最小限度占用教授
——资源共享

　　在美国匹兹堡的卡内基梅隆大学，占地大概只有 300 多亩，却有 10000 多名师生，但是我在学校两年多时间，却一点也不觉得学校拥挤。回到国内，我一直思考这个问题，其结论在于利用率。例如这所学校没有固定的吃饭时间，课程从早上排到夜晚甚至周末和寒暑假，最大限度地利用顶级合作公司的资源以及实习。由于利用率很高和经费充足，因此设施非常先进。原本以为国外的

西雅图的华盛顿大学风景优美、气候宜人，吸引了大批著名教授，也提出了一个授课难题。

大学教室和实验室标准高是因为经费充足，其实这只是一个方面，另一个方面往往被人忽视，那就是利用率高而节省了大量闲置浪费，使得单位建筑面积的装修和服务费用得以提高。

不仅仅是地理位置的集约，信息资源的集约更为重要。卡内基梅隆大学的图书馆是很小的，但是这个图书馆是和匹兹堡城市的图书馆联网的，这就极大地拓展了图书资源。另外，校园里每个院系都有自己的类似阅览室的小型图书馆，其借还完全与主图书馆联网，学生还可以在网上查询某本书目前的位置。除了这些，大量的具有借阅额度的电子资源也是一大特色。在中国似乎电子资源都是可以无限复制的，但这所学校的电子资源，也和实体的书一样，是有限度的，当然下载也有限度。

最大限度地利用资源，还包括卡内基梅隆大学几乎有近半数的授课教师并不是教师编制，而是科学家。这些并不是教授体系的科学家有的长期、有的短期，有的是像我这样的访问教授，在搞科研的同时，或者承担一部分讲座，或者承担助教，或者干脆就讲授一门课程。每天校园里都有几场甚至几十场讲座，为了吸引听众，大家都提供各式各样的美食。由于产业和学术的活跃交流，卡内基梅隆大学在几十年内迅速成为顶级的高校。

2015年初，著名的主持人何炅被北外教师举报吃空饷，最后从北京外国语大学辞职了事。事实上，这起由于认为自己遇到不公平待遇而举报别人，骨子里是认为大学教师以物理的时间占用为考核目标的。这些年，何炅其实并没有领北外的工资，即使领了，无论是从后来学生的反映还是对北外的贡献来讲，都是应该的。事实上，我们知道的很多名人，甚至是多数，例如杨振宁、李政道、吴健雄、爱因斯坦，在大学都是不授课的，有的甚至在领工资的大学待很少的时间。

从2014年开始，上海市实行教授坐班答疑试点。在那以前的13年，上海的高校教师几乎没有涨过工资。为了考核每年涨的几千元的工资，上海教委组成了一个强大的坐班答疑突击检查队，对全上海市属高校进行检查。但是，如今的大学生，基本上课程上的事情，不找教授。在物理上考核教授的同时，这些年每年投入数百万的课程中心建设，却是根本没有信息的共享与交互。我进行的一项调查，很多高校几百上千的老师在课程资源上传的资源总量，还不如

卡内基梅隆大学，真的只有这么大。

我一门课的量，而我的课程的资源量，与我在卡内基梅隆大学和我女儿所在的美国华盛顿大学西雅图分校的资源量相比，并不算多。

在有信息资源和没有信息资源的情况下，管理的流程如果不变，有时候效率会更低。因此，用信息化重整管理流程，是近几十年信息管理中很重要的一个概念。华盛顿大学地处西雅图，这座城市风景优美、环境舒适，很多功成名就的教授非常喜欢这里。这些教授科研时间较多，不能用整块时间进行教学。但是，华盛顿大学却利用信息资源和教学流程的重整，办了一所新型的大学。学习不意味着占用教授，而更在乎吸收资源：一学期三门课，一门课 3 个老师，每天上 2 个小时课，写十多个小时作业，包括知名教授的讲座课、年轻教师的指导课、实验老师的实验课、考试老师的答疑课、助教的批改作业。为了

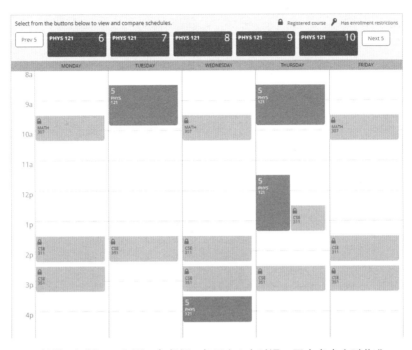

一学期三门课，一门课3个老师，每天上2小时课，写十多个小时作业。

方便学生学习和教师授课，很多课程都是1个小时甚至半个小时，但作业量却是10个小时。一门课最重要的不是知识，而是见识和逻辑，因此一门课是由具有充分行业经验的教授担任课程导师，辅助的几个老师围绕知识、技能、考试、答疑组成了多师同堂的团队，打造了一个不是以教为主，而是以学为主的教学体系。教室里面主要的信息化设备就是录播系统，保证学生在授课2个小时后能够在网上得到视频录像。另外，华盛顿大学有很多种类的信息化平台和课程系统，学生不仅能够按照日程学习程序化的资源，还可以随时查询自己的成绩以及转换到任何一个其他专业所需要的课程和选课资料。

目前，中国的中小学在建设各式各样的智慧化校园、智慧教室。对比美国，其最大的缺陷在于不是以学生、以教师为中心，即不是以人为中心。遍布教室的电子显示屏和绚丽的信息化展示，并不是师生需要的，那是上级领导参观需要的，教室内部不需要那么多信息化，而需要充分占用教师与学生，发挥这门课专业导师的作用，而课堂之外，信息化才是主战场，最大限度利用资源、最小限度占用教授。

也许，什么时候不称老师为蜡烛，而是桃李，我们的信息化才回归真味：桃李不言，下自成蹊；蜡炬成灰，泪心不甘。

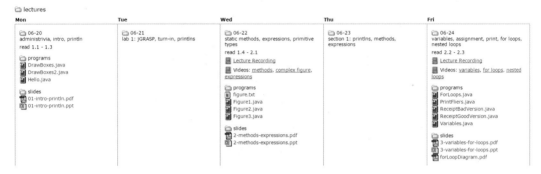

不仅仅是资源，这门 JAVA 课程表更包含学习过程的指导。

知了，会了，懂了
——场景、情节与沉浸

2016 年 10 月，诺贝尔文学奖颁给美国著名摇滚艺术家鲍勃·迪伦，说他"为伟大的美国歌曲传统带来了全新的诗意表达"。我不太懂音乐，但鲍勃·迪伦带来的青年一代美国人思想上的变革是有目共睹的，而我作为教育研究者同样对此事有兴趣，因为早有统计数据表明："除了贝多芬经典音乐，鲍勃·迪伦所带来的乡村摇滚，与美国高考成绩直接正相关。"

维吉尔·格里菲斯是美国年轻的黑客专家，也是加州理工大学教授，他在 2007 年因发明维基百科扫描器（WikiScanner）而名噪一时。公众可以通过维基百科扫描器查询到其他人的匿名 IP 地址，从而确定其身份。2014 年，维吉尔·格里菲斯用他的大数据技术通过对脸谱网站的分析，又有一次令人震惊的发现：美国高考成绩较好的学生，最喜欢听贝多芬、莫扎特类型的经典音乐，而鲍

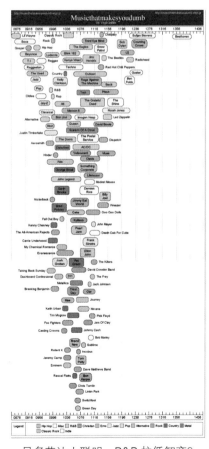

贝多芬让人聪明，R&B 拉低智商？

勃·迪伦的乡村摇滚紧列其后，遗憾的是，爱好以李尔·韦恩为代表的 R&B 音乐的学生，其成绩远远落后于前者。为此，这些年教育研究者对此展开研究，并得出"3 年内经常听 R&B 音乐的学生，其智商会降低 10%"的绪论，这个结果在教育界曾经引起了轩然大波。

其实，此类研究并不是孤例。例如，1993 年，美国加州大学的 Gordon Shaw 发表论文，通过对 36 个音乐家的音乐对大脑的影响的研究，发现不仅莫扎特异常聪明，听莫扎特音乐的人也很聪明。法国医生托马提斯将此现象命名为"莫扎特效应"，因此，今天的胎教音乐几乎都是以莫扎特音乐为主。

那么，到底是聪明的人喜欢听贝多芬的音乐，还是贝多芬的音乐让学生变得聪明，还是喜欢 R&B 的音乐的人原本就是相对处于社会底层的人呢？《科学美国人》杂志对此有三个基本的假设能够说明这个问题：（1）不同品味的人喜欢的音乐很不同；（2）不同群体的经济状况很不同；（3）高考成绩受经济条件影响很大。换句话说，学生的学习成绩与其音乐品味的关系，是关联关系，不是因果关系。

然而，很多研究却发现，这不是简单的关联关系那么简单，只不过因果关系并不那么直接罢了。例如，又有科学家进行研究，发现喜欢《百年孤独》作品的学生的成绩，远远优异于喜欢《呼啸山庄》的，而看这两种作品的学生的经济状况并没有必然的群体区分。而且，神经生命科学家也在逐步给出自己的各种解释，一种比较强的声音在于，好的文学作品和好结构的音乐，其空间逻辑复杂，能够调动的人的脑神经，同时也更加符合现代社会的智商指标，而逻辑简单的文学作品和音乐，其节奏简单而强烈，并不利于大脑的综合发展。

传统的教育学，是基于心理学和知识的单向信息传播的社会科学，随着脑神经科学的发展，心理学逐渐被以科学为基础的脑科学取代，而教育也逐渐变成一种基于数据的科学。对非常多的教育理论，如杜威的学校即社会、教育即生活等，人们也逐渐从信息学的角度来重新研究和审视。与书本和课堂上高度抽象且似乎放之四海而真理的单向的学科学习相比，学习场景、学生的参与、故事的情节、非主流的功利性的副科和素质教育越来越受到重视，我们如果用一个词汇来形容，叫教育，如果找一种方法，就叫社会实践。那么，社会实践的意义到底在哪里？为什么不能单向地学习知识呢？在大数据时代，有了更多的研究方法，也有了更多的教育实验，我们越来越看得清楚的同时，却也越来越不敢对教育做什么决策了。

郭梅君博士，是上海戏剧学院艺术管理中心的主任，后来成立了华山创学院。华山创学院是在中国文化科技产业联盟成立的背景下催生的，旨在培养大量的社会急需的文化地产的经营人才。大家知道，全国各地都希望在商业地产中突出自己的文化特色，然而多数制造出来的文化街区和文化地产并不如意。郭博士首创了"文化地产"的沉浸学习模式，把课堂放在乌镇、宽窄巷子，放在具备真实感知的真实案例的现场，然后邀请案例的真实的策划人、执行人、投资人进行现场讲解，并通过过程戏剧、沉浸戏剧、讲坛戏剧的模式，在授课过程中融入戏剧和过程元素。郭博士作为中国文化产业联盟的轮值主席，试图为学员们提供一种传统课堂中被筛选掉的更加真实的场景和情节，从而培养文化地产的领军人才。

作为难得的研究对象，我体验了这样的课程。在乌镇，我体验了乌镇的美，也听取了乌镇的亲历者讲述乌镇创业的故事，与学员们一起讨论和辩论乌镇案例的得与失，到街上采访游客、工作人员、管理人员，接到郭博士发来的一个一个问题锦囊后，便开始新的任务模式。这种学习最大的意义在于，原先从知识层面的"知"，确实让学员"会"了。

从乌镇出来，当天晚上，我住进了西塘。一派生活的场景的西塘完全没有按照乌镇的模式进行改造，原住民还杂乱无章地生活在这里，他们已经存在超过千年，老百姓在这里生活千年。乌镇的改革者陈向红曾用一个例子来说明乌镇改造的初衷——"乌镇有一个著名的作家叫木心，小时候生活的大宅后来成为了铁匠的工厂，木心写了一篇名为《乌镇死了》的文章，触发了乌镇的改造"。我在西塘，确实感受到古镇的美，也确实感受到这里没有乌镇的沉静。两处古镇境遇不同，原因也很简单，乌镇的标准化服务都是服务员装扮的，而西塘是活着的。走在西塘杂乱的巷子里，恍惚觉得楼上一动，一位女子掉下一件衣服罩在我的头上，再看她时，原来就是昨天乌镇的服务员。又恍惚看见她对我莞尔一笑，多年的经验告诉我要装作没有看见，也许真正在这里遇见突然

乌镇的夜晚，美丽但没有情节，一个失去了原著民的美，能否一直被认为是美丽的容颜？

才懂了该怎么办。这使我想起亚历山大在《建筑模式语言》一书中讲到街道，书中对街道的定义是："可走、可留、能发生故事的地方"。不管西塘如何杂乱，但毕竟会发生故事，如果有作家，就会写成作品，千百年来西塘一直在改变，但是却一直是有生命的。

如今的千年古镇乌镇，已然是在盈利方面排名第二的文化地产，然而整肃一新的街道不再有楼上楼下衣服罩在我身上的感觉，漂亮的外景也和乌镇无关，那只是迎合我这样喜欢"声、光、电"场所的现代人，更为重要的是，千年的古镇，有了这样的改造，全部的居民已经不在，没有皇帝的紫禁城只能叫故宫，而没有居民的乌镇无论多么繁华，又如何迎来新生呢？

只有回到活生生的西塘，我才真正懂了。

千百年来，我们在课堂上记住的商业繁殖和文化保护还只是"知了"；将商业和文化的冲突高度抽象，并在一定场景下进行学习，我们可能"会了"；而只有通过人生的历练和跨越时空的思考，才可能"懂了"。"懂了"这件事非常难，不仅需要将知识融入场景、融入情节，更重要的是融入对西塘的实际感知和我的 47 年的人生经验，才可能还原我的"秒懂"。

　　恢复高考制度快 40 年以来的中国教育，就像风风火火的乌镇改造，成绩不小，但如果用时间去考验，40 年来主流教育改革是"你方唱罢，我登场"，回头不忍卒看。"学好数理化，走遍天下都不怕"是"知了"阶段；"素质教育""STEAM 教育""创新教育"这些崭新的名词，是"会了"阶段；然而我们"知了""会了"，而不考虑人、不考虑故事，只是人为地将原本有内在联系的信息简单地抽象，那么永远不会"懂了"。标准化的学校和一窝蜂似的教育改革的共同点就是胆子太大，就像乌镇将西栅全体原住居民迁出的举措一样。一个没有情节和故事延续性的学校系统，就像被推土机推平的商业化景区，再也不会有沈雁冰、木心、程十发、谢晋的故事，也不会有那楼上的女子不小心掉下的衣裳。

　　回到本文开头，当胆子太大的教育家们突然发现原先的学科体系、原来的学好数理化并不正确，而音乐、美术、文学作品、生长环境等各种各样原先并不被重视的各种逻辑构成的全息系统，在人的成长过程中却起着关键又关键的作用时，又突然发现，我们破坏得太多，再也回不去，这又该如何反思？

　　柳袁照是苏州十中的校长，16 年来一直坚持在这个被称为"最中国的学

充满了故事，但相对破落
的西塘。

苏州十中，充满了最中国的符号，我还是最喜欢郑板桥的这副：真水无香。于书无所不读，凡物皆有可观。十中原本是振华女校，对女人最高的才色评价是真水无香。而大自然和社会如水，书海如水，于书无所不读，凡物皆有可观，社会的真性情，才是教育基本的研究对象。

校"的学校进行诗性教育。苏州十中，曾是曹寅的苏州织造署西花园，这所学校产生了非常多的院士和杰出人才，正因如此，诗歌成为全校的一个特色。让我印象深刻的是，在这个顶级的苏州园林里，与朗朗的读书声相伴的，并没有乌镇招摇的灯光系统，而让校长非常自豪的是则是整个校园没有一个路灯。保守的坚持和一届届学生的产出，让并不注重应试的苏州十中始终位列名校，更重要的是保留了"百年学校、千年园林"内在的应有的生命。苏州织造署和学校校史馆的陈列以及院士墙让我"知了"；一本本诗集、一批一批参观者和学术交流，让很多人"会了"；刻在石头上的何泽慧的亲笔字、刻在长廊上110年所有校友的名字，让我突然"懂了"。

也许有一天，我们突然发现，一所名校和好的教育，要有大树，要少灯光，要有风景。在不断迎接创新和新技术的时代，我们也许最需要的是保守的坚持，而那个时候，又如何能少一点后悔呢？

十年树木，百年树人，千年树立一种文化，在教育不能不变革的时代，在我们对物、对人、对故事、对情节沉浸的社会，教育学者所需要的不仅仅是胆大，更重要的是尊重。

变革 - 3

技术重新定义教育

只敢轻轻地把你唤起，

我甚至未曾奢望成为你的他中的之一；

当冷艳与我突然邂逅

那感觉一定是我多年的呓语；

头上的白霜与风中的白裙相遇，

一扫我年轮所带的暮气

每次按动快门的一刹那，

怦然心跳总是念道：我爱你！

我不再听你问询中呢喃的那前半句

就急着回答：我愿意！

——2014 年 2 月于波士顿

　　查尔斯河不仅是一个地方，
更是一种创新精神，这里方圆
100英里聚集了世界前100名高
校的近三分之一。与创新邂逅，
需要的不是矜持，而是接纳。

从出现到涌现

很久之前，生命科学家就发现了一种很奇特的现象，在一些海岸沙滩，每年有不计其数的某种海龟产卵，又有不计其数的候鸟过来等候小龟出生奔向大海的那一刻饱餐一顿。如果按照固定的孵化周期，这些乌龟全部会被鸟儿吃光。然而，鸟儿将小乌龟全部吃光的理论上的可能性在现实中从来没有出现过，因为数以百万计的小乌龟无论什么时候出生，它们选择同时孵化，撑死也吃不完乌龟的鸟儿眼睁睁看着大部分小海龟奔向大海。

比海龟更加智慧的是美洲的蝉，为了躲避天敌，周期为17年的知了每17年出来一次，第二年完全没有了，每17年出现一次的周期蝉不仅吵得附近的居民每17年搬家一次，也让能够吃这些蝉的天敌根本来不及准备。

这种现象数不胜数，1923年它被生物学家摩根在《涌现式的进化》一书中称为涌现，后来的系统科学的发展也完全借用了这个词汇。一只乌龟出壳叫出现（appear），一万只乌龟同时出壳叫爆发（spring up），而几百万只乌龟同时出壳，就叫涌现（emergence）。系统科学把这种整体才具有，孤立部分及其总和不具有的性质称为整体涌现性（whole emergence）。霍兰说："涌现现象是以相互作用为中心的，它比单个行为的简单累加要复杂得多。"

最早的人类认为人们想事情是通过心脏来想的；最早的电脑，也似乎模拟人类心脏严密的机械型组织，正因为如此，才有了"芯片"。脑科学的发展，也就是最近50年的事情，科学家一直想搞清楚的问题是，为什么大脑里面似乎一片空白，结构极其简单，却有复杂得不得了的思维。后来科学家发现人脑的数百亿个种类并不多的脑细胞，正如乌龟与蝉一样，个体结构简单，但群体具有涌现性。

从以上这个角度，也许能够解释所讨论的以下问题：在线投资的热潮，是否又是一场炒作？微课大赛是不是一种折腾？……几位教师使用某种新的技术，几千名学生使用某种新的学习方式，这也许是"折腾"，但如果几百万教师、几千万学生都在自发地"折腾"，就像海龟涌现一样，这不正面临一场革命吗？

作为这场变革的见证者，我们不能控制什么，我们只能顺应并理性地作出自己的选择。我们不断地问自己：课堂信息化，还是生活化？教育到底演变成实证科学，还是体验艺术？回答这些问题前，我们必须明确，未来教育从"互联网+"正走向"物联网+"，而教师从过去用"心"想问题，变成用"脑"想问题。

教育技术关键词

当不少教师还在纠结教育的情怀重要还是教育的方式重要、教育技术更偏重教育还是更偏重技术的时候，中国高等院校从事信息计算机相关专业的毕业生已经达到40%以上。这些年教育是不一样了，从沪江的两轮融资到全通的沪深股王，从中央的教育战略到各地风起云涌的在线教育热潮，惊蛰中学习正发生轰轰烈烈的革命，春雨里教育也发生了一场静悄悄的革命。

有时候思维远远落后于技术，有时候在信息充分的前提下思维又超越工具。以下10项技术，有的使教育的工具性大大提升，更多的是使教育的思维方式快速跟上甚至赶在技术的前面。心中有图，世界才有图，让我们展望一下以下10项技术和思维模式所带来的未来教育图景。

大规模定制课程：大规模开放课程系统MOOCs和小规模限制性课程SPOC之后，越来越多的人发现，没有强制的课程似乎只是做了一次课程秀，小规模限制性课程也太过专业和门槛高，是不是有一种结合的方式呢？行业性和专业性的课程群和课程联盟逐渐走向前台。对一个学生来说，教育就是一种服务，一种面对未来的服务，将MOOCs的高投入和制作精良与SPOC的专业性相结合，在人工智能的帮助下，大规模定制课程也不是没有可能。

人基教育工程：传统上一个学生面对5门课、5个老师、5个教室，周而复始的课程模式正在被打破。大班小实验、多师一门课、教考真分离、一对一辅导，大学的教育实现上述目标并不在于老师愿意不愿意学生愿意不愿意，而在于学校的信息系统能否有支撑如此个性化的需求的承载能力。人基教育工程，将彻底颠覆以学校行政管理为周期的模式，实践全选课、全学分和全自助的学校管理模式，这不仅意味着大家更加自由，更意味着考核和标准更加严格。

实体的价值：越来越跨界或者越不专业的教师将互联网学习做得如火如荼的时候，越来越专业的教师正在捍卫着实体的价值。虚拟的网络空间当然不能解决教育的所有问题，甚至关键问题，那么学校坚守的将是什么呢？是校园、是故事、是实验室，还是什么不可复制的东西？

智能实验室：人们能考核什么就能管理什么。标准化的考试是最容易考核的。中国教育改革 30 多年，退学的和不及格的学生很多，但很少听说哪位同学的实习实验不及格、重修、作弊。不是实验不重要，而是不好考核。基于物联网和大数据的智能实验系统已经出现并快速成长，不久的将来，聚焦实验教学将成为教育的重点，而智能实验室成为其信息基础设施。

资源容器：一个老师的资源在笔记本电脑中、在云盘中、在云空间中、在公开的教育资源库中、在学校的课程平台中，有什么不同吗？逻辑属于教师，还是内容属于教师？安全和技术问题逐渐得到解决以后，什么云只是一个载体，什么软件只是一个平台和空壳，实实在在的内容属于教师和出钱的人，那么教师就不再关心容器，而关心服务。

微服务：资源容器标准化后，内容即服务。信息和教育资源以最小的服务单元存在于拿权可控的地方，这就意味着知识贡献者将以更加开放和灵活的心态面对服务。利用资源绑架用户将不再成为主要问题，如何满足大批量定制化迭代的客户需求才是信息供给方真正讨论和关心的问题。

社群学习：教师不再是唯一的学习指导者，在超级信息体中涌动着的是人人为我、我为人人的志愿者，正像鸟群没有鸟王但却具有方向一样，社群学习将体现出群体智慧的特征。教师对于学生将更加像一个资源的提供者和平台的服务者。

教育信息哲学：在快速更新的技术面前，什么是不变的东西呢？我们迫切地需要教育信息哲学，需要搞清楚什么是远程、什么是虚拟、什么是模拟、什么是概念、什么是示教，只有站在人性的根子上，才能洞察教育的终极哲学。

信息减法：在人脑的进化已经远远落后于信息技术进化的情况下，教师和学校有了新的价值。从李白到苏东坡，从张艺谋到莫言，信息的充分并不是教育的真问题，而信息的深度和逻辑才是教育工作者应该回归的本真。我们需要对技术说一声"不"了！这声"不"，就是做信息减法，是用有限的生命和容器去承载更加适当的东西。

影子系统：与其抱怨信息过载，不如利用影子系统即插即用地指导学生。就像社会充满不确定和不良信息，我们教会孩子的，只能是如何理解它和改变它。一个充分设计的影子系统，将大大解脱教师，将真实世界还原给学生，这也是教育之真。

野蛮人算计，文明人计算

——计算思维

一

先读一首诗，《诗经·国风·召南》：野有死麇，白茅包之。有女怀春，吉士诱之。林有朴樕，野有死鹿。白茅纯束，有女如玉。舒而脱脱兮！无感我帨兮！无使尨也吠！

翻译成今天的语言如下：山野之外有猎人捕获的死獐，白茅轻轻将它包。有女春心荡漾，青年猎人把她撩。林中灌木丛生，野外有猎人捕获的麋鹿。白色茅绳将它束，这个少女貌美如玉。轻一些呀慢一些，我的好情郎。不要弄乱了我的裙带，不要惊动了那小猎犬。

张宏杰在《中国国民性演变历程》一书中提到两个观点，一是中国国民水位线在权力下从春秋到唐宋再到今天不断下降的奴性和戾气，二是国民性的动态变化。书中写春秋男女偷情之诗，其隐晦和优美，令今天的精神文明汗颜。

二

小时候读《三国演义》，一直有一个疑惑：大名鼎鼎的关云长斩颜良，诛文丑，温酒斩华雄，前二十位的高手分分钟被关羽杀于马下，那么为什么到后期面对无名小辈却很难取胜？如今理解了，寒门出身的关羽为了得到领导的首肯，总是利用偷袭来达到投名状的水位线。出了名之后的关羽，不得不考虑自己的身份。

美国独立战争期间，南军和北军最后一次决战，格兰特将军将李将军逼入死胡同。在最后的关头，李将军放弃了游击战争而全部归顺，格兰特将军将双方战士埋在一起，还给予南方将士全部的军马以便其回家农耕。之所以如此，不仅仅是因为双方都是西点军校的毕业生，更重要的是因为西点军校教的不仅是获胜的算计，还有今天称为计算思维的东西。

小时候还有一事不明白，古代双方打仗时为什么主帅对决而兵士不出马，大人们告诉我是为了说书方便，研究历史和了解西方决斗历史后才明白，不是这样。所谓战争，是人类组织方式的一种形式，也是解决冲突的极端方式，与天敌之间的杀戮完全不同。人类在人力资源奇缺的古代，逐渐形成了一种行之有效的默契：讲理、下棋、争论、战争，即使出现战争，也最好主将决战，少伤及兵士，以便争出胜败保留有生力量。后来学过博弈论和机制设计理论后又明白，这种方式叫合作博弈，在计算机世界叫计算思维。

三

计算思维的老祖宗可以追溯到冯·诺依曼。作为计算机理论基础的创始人，冯·诺依曼体系的最重要因素是二进制、内存、程序和数据顺序存储，也就是最节省且经济高效的模式是找到最基础的变量、调用尽可能标准化和小的资源、用最标准化和简单的规则。用到两军对垒，就是胜和负这种最简单的变

相由心生，同样的微软副总裁，周以真教授用的是计算思维，吴士宏用的是算计思维。

量、两军主将在开阔地对决、对决之间按照规则出牌生死由命，人类形成这种制度是以血为代价的进化的结果。

卡内基梅隆大学的周以真教授是将计算思维正式提高到独立于计算机的思维模式。周以真定义计算思维是一系列运用计算机科学的基础概念进行问题求解、系统设计等涵盖计算机科学之广度的思维活动。实际上，我认为计算思维是一种思考方式，是用计算机——这里所说的"计算机"既可以指机器，也可以指人所能有效执行的方式来对问题进行表述并提出解决方案。换句话说，计算思维也是一种解决问题的方式。

打个比方，如果两军交战，既要打败对方，又要得到对方的财产人马，还要让对方心服口服，要怎么做？当关羽大战黄忠之前，他把黄忠的情报和人品了解清楚，准备好大刀，这就是预置和缓存；有人提醒关羽说黄忠百发百中有可能用暗器，这就是回推；当知道黄忠的本事后，周仓将刀磨利，将马休息好，将盔甲准备得更加好，这就是线性算法；两个人打了100回合不分胜负，双方第二天再战，这就是冗余性；关羽看到黄忠马不行了便让黄忠换马，这就是多服务器系统的性能模型；黄忠和关羽都不致对方于死地，这就是失败的无关性和设计的冗余性。从计算机科学上升到计算科学，变量可以是计算机，也可以是人和事，人类有了这样的高度，"理"是基于"算"而不是基于"论"，"论"容易情绪化，而"算"可以使人们的理性思维和文明的水位线不至于 ISIS。

一般来说，计算思维中最重要的几个思维过程是抽象、分解以及组合。所谓"抽象"，是指忽略所有不相关的复杂细节，而只专注于问题关键部分的能力。上文并没有提及"关羽的刀有多长""黄忠的弓是什么颜色的"，因为这些都是不相关的细节。"分解"能让我们将问题分割成一个一个小的部分，随后各个击破，最终通过"组合"将各部分重整起来，形成一个针对原问题的解决方案。

目前有很多小学、中学都在开展计算机课程，越来越简单的适合儿童的编程语言被开发出来了。学习的根本目的不是为了就业，也不是为了掌握这门语言，就跟关羽黄忠大战不是为了杀戮一样。从计算思维的角度，今天学习的语言，在未来 15 年这些孩子根本用不上，但是通过这种思维训练得到的计算思维本质，让孩子更容易掌握抽象、分解和组合的能力，也就是未来编程永远不会变的原始变量。

回到本文最开始的那首诗。从计算思维来讲，将爱的模型简化成最简单的动作，与将人类战争的目的简化为杀戮和胜负一样，是文明的倒退。文明要想进步，什么是能够抵御实用主义管用的招数从而不断突破水位线的"管涌"呢？是教师的专业理论，用它守住文明的水位线，这样即使胜负暂时偶然，胜方也不至于决口。

算计是器，器尽而道废；计算是道，道通而器顺。野蛮人算计，文明人计算，教育与理论的作用在于，守卫文明的水位线。

如何让电脑看图说话认出一只猫

——数据工程

　　1903 年，30 岁的罗素讲了一个理发师的故事，瞬间让当时的数学家小伙伴们惊呆了。罗素说，一位理发师宣称要为本城市所有不给自己刮脸的人刮脸，结果这位理发师非常困惑，他要不要为自己刮脸呢？罗素提出的这个悖论，成为有史以来数学上最大的三个悖论之一，动摇了当时的数学大厦的基石。

　　罗素所代表的这种作为科学的数学，似乎中国人一直没有发明出来，著名数学家吴文俊说，中国人也似乎一直不在乎，与西方数学相比，中国人一直在乎的是算法数学，也就是今天所谈到的计算机数学。在数学领域，与当今计算机最适合、最现代化的数学，就是本文的主题：数学工程。

　　三国时曹魏有一个小官刘徽，按照木工经常制作圆的原理，把一个正圆按照正六边形开始切割计算，正 12 边形、正 24 边形、最后算到了正 2072 边形，刘徽与中国古代的工匠一样，永远不会纠结西方从古希腊就开始思考的数学哲学问题，而是从最接近圆的好计算的多边形不断接近答案正确，这就是远远领先的圆周率：3.1416。刘徽所采用的极限方法以及以后几百年中国古代数学家所发明的子程序、迭代、差分方程、方程组等，对世界数学的贡献巨大；所采用的数学机械化和计算数学，深深影响了后面的数学，也成为今天计算机数学的重要支柱。

　　1964 年，中国黄河边在修一个很复杂的水电站：刘家峡水电站。这个地质

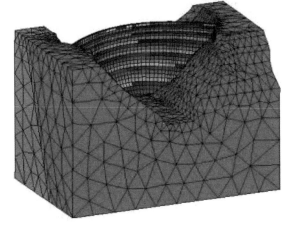

冯康通过"刘家峡计算"进而发展出了有限元方法

水文复杂、湍流复杂的电站的形状，不仅是不规则的，而且是中空的。按照完全简化的矩形来计算，根本不能准确计算出水电站所受的力，工期因此严重推迟。这个时候，中国科学院计算技术研究所的冯康出马了，他将复杂形状的电站切分成成千上万个小块，就像2000年前刘徽计算圆周率那样，不过这次冯康不仅遇到把形状切小的问题，还要同时处理每个小块的受力和传导问题。与刘徽一模一样的思路，切的块越小，越接近真实，好在1964年，中国已经独立发明出原始的计算机，冯康按照当时的计算能力，把块切得尽量小。等到计算完成的时候，受力也就计算出来了。完成这个工程后，冯康对这种计算方法进行总结，在世界上第一次发明了有限元的方法。

今天，有限元成为计算机数据受力计算的基础方法，所代表的数字机械化路径已经成为工程数学的基石。今天我们买到很便宜、简单的宜家家具，承重较差的材料经过简单的连接就能承载很重的压力，要感谢工程数学的模拟计算才行。

工程数学，让实践有了更多的创新的可能，科学家们的研究不都需要从阅读别人的论文开始，也不用等到科学原理突破，就可以从工程或物理原理出发，取得巨大的突破。斯坦福大学的人工智能教授李飞飞，就是这样做到的。

深度学习理论，是在神经网络基础上发展起来的一门人工智能学科，发展到今天，已经在视频、图像和声音识别上有了很成熟的应用。然而，从算法上改进，难度很大，效果也很不好。例如，让一个机器识别一条毯子上卧着的一只猫并写下这个句子甚至文章，是很难的。李飞飞通过对儿童认识猫的过程进行分析，发现小孩子从来不需要学习关于猫的概念和理论知识，而是见猫和狗的次数多了就知道了，是试错试出来的。于是，李飞飞模拟小孩子的学习过程，通过众筹集聚了 167 个国家的 5 万人、6 万只猫、10 亿张图片、2400 万个节点、1 亿 4 千万个参数、150 亿个连接，训练计算机不断认出猫。顺便说一句，李飞飞采用的连接数，是尽可能逼近人类大脑的脑细胞数量了。如果说西方的概念图示是先描绘猫的概念然后再认识猫，李飞飞采用的就是东方的数据工程方法，采用大数据方法让机器自己学会什么是猫，最后计算机写出了"一只猫卧在毯子上"这个句子。

李飞飞的计算机根据图片写出了"一只猫卧在毯子上"

数据工程之所以越来越被数据科学时代重视，和软件工程的发展密切相关。早期软件采用的是机器语言，后来发展成为独立于硬件的逻辑符号语言，随着软件应用的发展，后来数据库又独立出来。在软件发展的前 30 年，软件和管理信息系统应用效率受制于需求和开发效率，软件工程应运而生。基于互联网的软件开发，逐渐诞生了一种崭新的开发方法——MVC，通俗地讲，这是将业务逻辑、数据、界面显示分离的方法组织代码。这种方法又遇到像小米和微信那样快速迭代以适应互联网客户需求的开发，再加上物联网、互联网大量数据的产生，也使得数据科学和数据工程越来越重要。在 IT 产业中，数据科学家和数据工程师成为关键性的岗位和独立的专业，数据工程过程本身也逐渐独立于软件开发，成为大数据和数据科学应用的基础。用这个理解去简要分析一下李飞飞的计算机认识猫的逻辑：猫的图像的输入输出界面和展示效果、用什么最新的算法去认识一只猫、动物图片库和数据组织及更新方式，可以由完全不同的三拨人来完成，而数据科学家和数据工程师重点解决第三种数据工程问题。

吴文俊院士生前曾预见说，中国人的数学思维模式传统，更适合未来计算机迭代和机械化的数据工程时代，让我们拭目以待吧。

不过我要说的是，既然教计算机也得使用让计算机自主学习的模式，我们的教师教学生的时候，为什么还把从概念开始当作唯一的方式呢？

城没找到，而人却走到了一起
——面向对象的教育

传说城是这样建造起来的：一些不同国籍的男子，做了完全相同的一个梦。他们看见一个女子晚上跑过一座不知名的城；他们只看见她的背影，披着长发，裸着身体。他们在梦里追赶她。他们转弯抹角地追赶，可结果每个人都失去她的踪迹。醒来后，他们便出发找寻那座城，城没有找到，人却走到一起——他们决定建造梦境里的城。每个人根据自己在梦里的经历铺设街道，在失去女子踪迹的地方，安排有异于梦境的空间和墙壁，使她再也不能脱身。

这就是佐贝德城，他们住下来，等待梦境再现。在他们之中，谁都没有再遇到那个女子。城的街道就是他们每日工作的地方，跟梦里的追逐已经毫无关系。说实话，梦早就给忘掉了。

意大利著名的作家卡尔维诺，以马可·波罗的口吻，在《看不见的城市》一书中，向忽必烈描述了"满披月色的白色城市，它的街道纠缠得像一团毛线"的梦想之城：佐贝德。正是这部著作，让卡尔维诺在 1985 年被推举为诺贝尔文学奖得主，但卡尔维诺在奖项公布的前几天去世，因而与之失之交臂。

佐贝德城市是虚构的，但美国著名的建筑规划大师，加州伯克利大学教授亚历山大却一生致力于建造心目中的梦想之城。

DESPINA

"在梦中的城市里，他正值青春，而到佐贝德城时，他已年老，广场上有一堵墙，老人们倚坐在那里看着过往的年轻人，他和这些老人并坐在一起。当初的欲望已是记忆。"

　　他在 1977 年出版的《建筑模式语言》一书中树立了他以人性为主体的建筑思想，并在之后的俄勒冈大学校园改造中运用他的思想。一般的建筑，先有设计然后建造，最后人才去使用，亚历山大颠覆了这种做法，他认为每个人心目中都有一个自己的建筑，也就是《看不见的城市》中的青年男子心目中，需要向梦中的姑娘展示的自己建筑技艺的巢，有了这个梦想，按照亚历山大总结出来的 253 个建筑模式，业余的年轻人也可以掌握建造方法，建造出自己心目中的房屋。这些共同的梦想建筑的房屋有序地组织在一起，形成了依西多拉城市的概念。这就是亚历山大的建筑模式思想和之后的 200 多个建筑作品的思路。

　　在亚历山大的分析中，佐贝德城市的年轻人具有共同的梦想，他们按照有机秩序的原则、参与的原则、分片式的原则、模式的原则、协调的原则，建筑起一座自己的家园。

　　亚历山大在城市和建筑规划方面影响巨大，是美国最伟大的 10 位建筑规划专家之一。然而他最大的影响力并不在建筑业。亚历山大的父母是考古学家，自己在剑桥大学读的是科学，拿到了剑桥大学的数学硕士学位，并成为哈佛大学第一个建筑学博士。在博士毕业以后，他短暂从事过计算机项目。在建筑学出名以后，他的模式语言、面向对象的方法、形式的综合、设计模式等，深刻地影响了计算机领域的专家，MIT 和哈佛的人工智能专家将他的起源于建筑学的著作，指定为计算机学科的必读教科书。在亚历山大的直接影响下，计算机发展出来了程序设计语言、模块设计、面向对象编程、软件工程、极限编程方法等轰轰烈烈的革命。

在亚历山大之前，软件开发与建筑行业设计一样，采用的是普遍的结构化设计方法，也就是如果设计一款软件，那么针对这款软件目标，以功能目标来严格地构造应用系统。这种方法，与建造一幢大楼一样，随着专业性和复杂性的增强，人们不得不将主要精力集中在功能模块中，而最终背离了原本编制软件和建造大楼的基本思路。

亚历山大带来的模块化、封装、继承、多态等设计方法，将人们在建筑房屋或者开发软件时集中在对象本身，而不是功能模块。按照这种面向对象的方法，佐贝德城市不仅符合年轻人追求共同的姑娘的欲望（比较巧的是，中国人称情人也是对象），还将整个城市融为一个概念的主体。这种概念，不是大家事先达成统一的，而是由共同的对象而自己组织起来的，因此佐贝德城成为一个有机的生态城市。

佐贝德城中的所有青年男子拥有一个共同的对象——那个充满诱惑的酮体和长发的背影。在《建筑模式语言》一书中关于教育的建筑，亚历山大秉承了他的概念思想，并没有关于教育概念的具体描述，但他非常关注对象：大学的学生、城市的居民、玩耍的孩子、师徒的情缘、母子的关系。通过对这种关系对象的人性的解读和建筑设计的模式的归纳，自动形成教育的有机概念，给我们"面向对象教育"的启示。

- 模式语言（43）像市场一样开放的大学：大学有一个中心十字路口，主要的大学建筑和办公室就位于此，会议室和实验室从十字路口向外扩散，首先集中在步行街两侧的小楼内，然后逐步分散，进而和全城融为一体。

用《教育模式语言》来区分中美教育，更容易看懂波士顿的街心校园。

- 模式语言（83）师徒情谊：学习的基本情况就是能者为师，即求学者通过帮助懂行的人干活儿而学到知识，因此每一个工作组都要以"干和学相结合"的方式来安排任务，要按照师徒传统关系组织工作，将工作室划为几组师徒共同工作、朝夕相处的小空间。
- 模式语言（84）青少年协会：青少年是童年走向成年的过渡期，各种满足过渡心理的要求和礼仪应该随之而来，但对"高级中学"的错误是完全不予理睬。
- 模式语言（85）店面小学：6岁或7岁上下的儿童通过动手干活来培养自己渴望学习的热情，在家外的社区中显露头角，如果安排得当，他们的求知心切的需要就会直接引导他们去获得基本的技巧和养成学习的习惯。

　　用面向对象的教育思路来看亚历山大在1977年写的这些关于教育的细节，来审视今天的美国校园和中国校园，可以发现巨大的区别就是细节上的着力点不同，在这方面我们至少差了50年。

　　写完和诗歌一样美丽的建筑学，说点略带点冰冷的现实：有些人认为现代教育源于300年前的德国。公元1717年，普鲁士帝国国王弗里德里希·威廉一世颁布了一项《义务教育规定》，明文规定"所有未成年人，不分男女和贵贱，都必须接受教育"。在普鲁士，受教育和服兵役一样被视为公民必须的义务，而国家则为它的公民提供免费教育，通过教育，灌输民族统一的思想，全面提高国民的素质。这位以军国主义著称的普鲁士国王，虽然通过义务教育提高了后来的德国的全民素质，然而他并不是一个喜欢学问的人，威廉一世的教育对象是实用主义，他反对文学、艺术和学问，将教育当作统一普鲁士民族思想的工具，经过威廉皇帝的改革，将军们得意地宣称：义务教育为国家提供了纪律严明、战斗力极强的士兵。从那个时候起，免费的义务教育以及与此对应的、压抑个性的学校就成为一对孪生体成长了起来。天下没有免费的午餐，教育的对象不是个体，教育的效率也不会围绕个体。从 1717 年的义务教育开始，效率教育伴随着工业革命高效地为工业化培养了大量的人才的同时，也形成了不人性的学校教育的格局。

今天，当中国的教育部门回首发现缺乏的是德国的工匠精神时，又将研究"对象"朝向了德国，然而，我们也许忘记了，对于中国人来说，我们喜欢德国的产品，但压根没人喜欢德国人古板的生活方式。对象不同，要建设的教育模式必然不同。

美国是由一批少数派——基督新教人士为主组成的移民国家，然而建国以后，天主教反而成了少数派。在公立免费的中小学教育中，事实上是基督新教的阵地，历史上发生了非常多的集中针对天主教的歧视。于是，天主教徒通过不懈地努力，建设了非常多的天主教学校。今天的美国，公立基础教育的学校占总数的 80% 左右，人数占 90% 以上。在 10% 左右的私立学校中，又有 85% 左右的学校是因这种历史原因而产生的。今天的美国公立学校，是不允许进行宗教教育的，但私立学校除外。即使在美国，教育的对象不同，教育的内容也完全不同。美国天主教学校的大部分教师来自宗教人士，其经费也来自捐款，学费只占一小部分，作为交换，"宗教的洗脑"在这里是被允许的。

没有人能逃得掉时代的烙印，人，只能是具体场景中的个体，然而他们却有着鲜活的生命。进入现代文明和后工业化时代，尤其是创新社会以后，问题在于：社会由工厂工作转变成办公室工作，人们从从事体力劳动转换成为服

典型的美国天主教学校：300 人以下、每班 15 人，严肃教育、针对虔诚教徒的孩子。

务，原本的主要围绕工业文明和城市文明的机械、严密和纪律特征，逐渐转为围绕人际关系的特征，但是，我们的学校教育"对象"却没有发生改变。这就是教育的问题。国际学校、培训机构、晚托班、辅导机构、外语培训机构应运而生，其实是对传统学校的"用脚投票"，也是教育机构太落后于时代的必然修正。

正如美国的基础教育，面向对象的公立学校、天主教学校、各种宗教学校、女子学校、私立精英学校可以共存一样，比美国人口多几倍且自然和文化多样性更加丰富的中国，不存在什么结构化的教育，因此会形成若干种场景模式，在此基础上，形成各种各样的教育的"样儿"。各种各样的"样儿"形成的模式，在每一个业余的人头脑中，飞快地拼装成各种各样的教育场景，于是，教育的方向就更加不同。对于教育来讲，我们只有码头，目的地是我们将所有优点集为一体的一个美好的想象，只能出发，没有回程。按照亚历山大的说法，人们先出发，然后形成概念，对于教育来说，不是规划出来的，而是千万个出发，形成了教育。

在《看不见的城市》一书中，忽必烈和马可·波罗的对话非常耐人回味。忽必烈对马可·波罗说："去搜索所有的海岸，找出这个城，然后回来告诉我，我的梦是不是符合现实。"

马可·波罗说："请原谅，汗王，或早或迟，有一天我总会从那个码头启航的，但是我不会回来告诉你。那城确实存在，而它有一个简单的秘密：它只知道出发，不知道回航。"

面向对象的教育何尝不是如此呢？我们每一对父母、每一个人，都会有自己的码头，都必然出发，然而，自己心目中的依西多拉城只有自己知道，一旦出发，无法回航，也不用告诉别人。

城没有找到，而人却走到一起，这就是教育。互联网构成的云梯，将更多的学习者更快地聚集在一起，这就是今后的学习。

数据消费融合数据生产
——超级信息体

一

公元前221年，秦始皇统一六国后，做了七件事情：车同轨、书同文、统一度量衡、建立驰道、巡游六国、实现郡县制、修建长城，在我看来，这些都是统治信息化的手段。秦始皇的信息化建设，奠定了中国后面1000年的盛世基础，也同样带来了落后的病根。按照信息发生方式研究，秦始皇的信息化建设，建立了极权秩序的开端，只是那个时代这种制度还不成熟。秦始皇采用的七项信息化手段，实现了中央命令的上情下达，但信息传递还是单向的，即秦始皇让全国人民知道了中央政府，而他却不知道全国人民是怎么想的。也因此，几个极为关键的人物——陈胜、吴广、项羽、刘邦以及赵高，都是秦始皇单向的极权秩序无法掌控的。

不仅如此，秦始皇的第七项信息化措施：修建长城，不仅没有帮助建立极权秩序，反而在后世多次成为游牧民族的超级信息体，一直影响着中央王朝。其实，长城并不是秦始皇修建的，只是秦始皇将数段长城连成一片。就是这"连成一片"，让中原王朝从此数度遭殃。按其本意，长城的烽火台、烽火、驿站、驰道构成的信息化措施是确保大秦国万世基业长治久安的策略，然而，正是这"连成一片"的长城的信息基础设施建设，忽略了一个非常重要的因素。

按照地质学家和农学家计算，北部游牧民族在每年降水量 400 毫米以上的时候，都以放牧为生，中原农耕百姓与游牧民族相安无事；而每当年降水量低于 400 毫米的时候，草原退化，强悍的游牧民族就会来抢夺；而当降水量恢复之后，游牧民族又会回到草原，周而复始。秦始皇之前的长城，就是战国时期平均 400 毫米降水线。但之所以没有形成很强大的游牧民族，是因为长城没有"连成一片"，在长城的间隙，抢劫的游牧民族可以进入中原。容易得手的游牧民族有一个巨大的问题——由于没有长城的阻拦，无法聚集在一起，无法形成一个统一的民族。然而，长城被"连成一片"后，游牧民族总是在灾年被堵在长城之下，于是首先自相残杀，然后产生英雄，最后聚集在一起，一举灭中原。

秦始皇的极权秩序并不是特例。1533 年，西班牙殖民者发现了印加帝国，便拿着枪对印加帝国的皇帝说："要么给我黄金，要么给我命。"结果给出了黄金的皇帝，也没能保住命。这个时候，西班牙殖民者无论从人数上还是从军力上，根本无法和庞大的印加帝国抗衡，然而，靠极权秩序建立的印加军队失去了用单向信息发号施令的皇帝，瞬间便被灭掉。

灭掉印加帝国的西班牙殖民者和后续的殖民者，却无法剿灭一个特殊的群体——阿帕奇部落。阿帕奇部落与印加帝国完全不同的是，他们根本没有皇帝，并建立了一种类似中国游牧部落的有机的秩序。后来，阿帕奇部落最终被打败，原因是殖民者在其内部扶持了一个极权秩序：不仅被殖民者认可，也被阿帕奇部落认可，最终导致其被灭。

二

10 年前有一本很畅销的书，叫《海星模式》，就是讲上面的故事。按照《海星模式》的说法，极权秩序是非常不稳定的，而海星组织却是异常稳定和有机的。秦始皇构建的信息由上至下的单向或者双向传递模式，有致命的缺点，那就是一旦中间产生断裂，结果都是灾难性的。（"蜘蛛和海星最大的不同在于海星没有脑袋。"）

按照今天信息传播的视野，建立起信息垄断逻辑组织的同时，也会被信息丧失困扰。而在一个信息全透明的组织体内，如果一旦建立起有机的秩序，将是很难被灭绝的。这与海星组织相类似，网状组织、球队型组织、信息扁平化都不断被发现和研究。例如，在奥运会中，我国运动员的表现有一个很有趣的现象：凡是隔着网的运动（网球、乒乓球、羽毛球、排球），团队的成绩都还不错；而凡是不隔着网的运动（足球、篮球等）的团体运动，团体成绩都不行。其实这不仅仅是体能和战术问题，更多的是一种信息文化问题，习惯于极权秩序的中国人，怎样能在全息和瞬间变化的局势中建立配合呢？谁说了算呢？这不是技术能解释的。在瞬息万变的赛场，全息透明的信息、直接的信息表达与游牧文化更加类似，而接受着原产于农耕的等级文化的中国运动员在面对信息时，第一反应是善意与否、合适与否、越位与否，很难组织成为有机的整体。

三

"信息化就是一把手工程"，这是我在硕士、博士期间经常听到的一个信息化建设的金科玉律。按照这个模板，很多传统的极权体制，在试图建立起有序的集权信息化秩序，却很难成功。薛华成教授提出的"信息集中、权力下放"，是在集权秩序下传递信息较好的一种信息哲学。按照这种哲学，信息集中和权力下放互为因果，信息集中是权力下放的保证，权力下放是信息集中的前提，信息集中就是尽可能地减少信息流程从而将重点聚焦在数据层，而权力下放就是尽可能地发挥个体的积极性。

事实上，明朝基本上实现了"信息集中、权力下放"，也将极权秩序发展到了极致。全国的太守、巡抚构成互为制约的通知架构，东西厂又构成自下而上的特务机构，一个太监可以横行一时却无法造反，草民可以将贪官送到京城。

四

著名的未来学家托夫勒在《财富的革命》一书中，强调了一个概念：prosumers（消费者即生产者）。按照书中的未来世界，消费生产者由彻底的prosumers、改造玩家、见多识广的消费者、个性化定制者构成。然而现实比想象走得更快。我们今天在淘宝买东西并评价，在携程上买机票并将自己的信息输入系统，甚至我自己写的文章到处找不到而网上的比我自己电脑中的还全，我们自己在生产信息的同时也成了信息的消费者。

2015年QQ用户超过6亿，而微信用户更高，每一个网路的节点的消费者，都使用一部手机和世界相连，他们既是信息的消费者，同时也是信息的生产者。人们在一个巨大、没有等级的信息空间中，构成了一个有机的秩序，这种秩序将各种志愿者构成一个一个信息生命体。在这种生命体中，会产生各种思潮，来无影去无踪，没有领导，也没有皇帝，除了巨大的导向问题，甚至找不到元凶：高尚是高尚者的通行证，卑鄙是卑鄙者的墓志铭。

在互联网时代，大家更像被逼到长城脚下的游牧民族，大家信息透明、过剩、压力极大，没有任何等级，充满了英雄崇拜，又像足球场上的队员，没人告诉你谁是一把手，也没有一把手，但是却可以建立一种有机的秩序。

有一种东西，中国人称其为"太岁"，科学家称其为"超级有机体"，它不是植物也不是动物，也不像传统的菌群，摸上去软乎乎，具有生长的特征且生命期特长。目前，网络空间太岁已经形成。你既不能对它善意也不能对它恶意。很难说它是好的还是坏的，但就是不能忽视它的存在。

五

说到这里，这篇文章就是没有谈教育，而传统的教育难道不像极权建立起来的秩序吗？无数校长将自己打扮成皇帝，试图建立起自己的教育王国。然而时代变了，互联网学习更像打一场没有隔着网的比赛，赛场只有球员，没有队长，每个球员既是信息的生产者，也是信息的消费者，教练可以指导球员，却不能冲进赛场比赛。

美国有一个网站，也是一个留学机构叫 ZINCH，每年会发布每个大学的 SAT 录取分数、录取政策（见下图），申请的学生将自己的数据输入网站，会得到一个自己录取可能性的信息。事实上，这是一个数据生产融合数据消费的例子。大量的学生将自己的各种各样的表现输入系统：SAT、GPA、志愿者、TOFEL、班级排名和申报信息，事实上这就生产了一个样本数据。

数据生产者主导数据消费的时代，招生官的数据也没有网站上的准确。招生如此，教育也是如此。最近，在线教育教师月入数万、数十万的现象再次提醒我们，这并不是有偿家教那么简单，学习的数据消费者已经有效地构造了一个有机秩序，这是市场的力量，千百年来构成的等级秩序的长城正在垮塌，这次不是孟姜女哭塌的，是教育长城外聚集的"游牧教师"形成了组织，具有了英雄，下一步要冲击"中原"了。

这种情况下，长城、海禁已经不起作用，无形的网将队员联系在一起，构成了一个超级信息体。"教练"能做什么呢？禁止学生上网和建网络长城，这样是否就是给自己挖了一个坑呢？

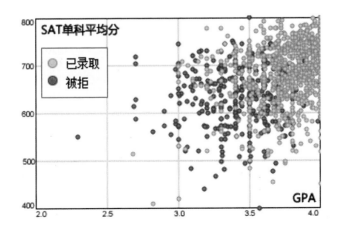

ZINCH 给出的某大学 SAT 成绩分布图

教育的信息模式语言

公元前753年，齐国美女庄姜下嫁卫国国王卫庄公扬，卫国国民见到这位惊艳天下的第一夫人，写下了《卫风·硕人》："手如柔荑，肤如凝脂，领如蝤蛴，齿如瓠犀。螓首蛾眉，巧笑倩兮，美目盼兮。"后来此诗被孔子收录到《诗经》里。这下可不得了，它决定了中国对美女定位的教育原点：手要像春天刚发芽的嫩苗，皮肤要像凝脂，胸口和衣领要像饱满而洁白光亮的蝤蛴，牙齿要像整齐而坚硬洁白的瓠犀，头和眉毛的形状也有严格规定；同时，还要一边微笑低头，一边微微倾斜一下自己的身子做类似万福的动作，还得用明亮的眼睛照顾到每一个敬仰的粉丝。

这首诗之所以写得好，从我这个理工男的可视化角度来观察，卫人仅仅用28个字，就光学意义的7个维度的美女形象跃然纸上，让人联想到细微三维全景扫描的美女图。

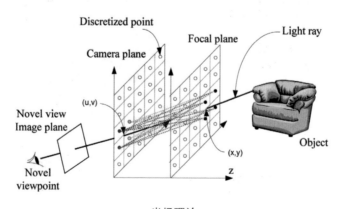

光场理论

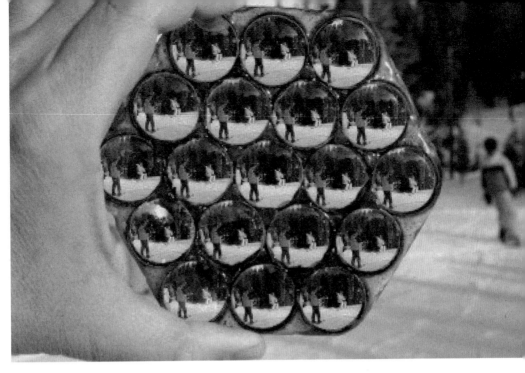

光场相机

　　1939 年 A.Gershun 在一篇论文中提出光场理论，在 20 世纪 90 年代被另外两个科学家 E. H. Adelson 和 J. R. Bergen 发展成为全光函数，包含任意一点的位置（x, y, z），任意方向（极坐标中的 Θ, Φ），波长（λ）和时间（t），也就是 7 维信息理论：X、Y、Z、时间、色彩、转角、仰角。简单来说，光场描述空间中任意一点向任意方向的光线强度。完整描述光场的全光函数是个 7 维函数，用光场理论来分析卫人撰写的美女齐姜，我们会惊讶地发现，这首诗包含全部的要素：美人的形状和仪态的三维，以及微妙色彩差别的身体发肤，最后两句又将一个全景的美女展现给大家，并通过对眼睛和身体姿态的描写，运用蒙太奇手法巧妙地将观众视角转换为美女视角的清凉世界。如果诸位对信息科技有兴趣，一定会在美女齐姜做万福的动作时，想象到全息照相机在无人驾驶飞机的承载下飞快地上升。光场理论在实践上来说，一般只用 4 个维度或 5 个维度就可以充分地表现一幅一般的图景，而这首诗是实实在在的 7 个维度的全景扫描。

　　我作为一位计算机教师，讲授过 10 年的商业史，并认同中国在旧石器和新石器时代之间，有一个辉煌的玉器时代。今天我们有非常多的王子偏旁的汉

音乐指挥不用语言也不用预案，可以指挥几千观众。

字，每一个都是一种玉。高达 317 种。大家可以想象一下，这 317 种玉，如果戴在不同的地方，再辅助以不同的动作和形态，会有多少种组合？这些组合，又如何用文字去描述？可惜那个时候没有照相机，我们无法看到一个戴玉鸣鸾的王者，在千万粉丝的拥簇下与天地通灵，且不用一个语言和文字的预案，就完成一个又一个盛大的宗教盛典！

这种可视化的场景，人类并没有完全丧失。2015 年 12 月 31 日，维也纳约翰·施特劳斯乐队在上海音乐厅进行演出。指挥者只用简单的表情和手势，就不仅能指挥数十位乐团队员和谐奏曲，还能调动数千观众的掌声，而这一切，观众根本没有任何预案，甚至不懂音乐。

在此前后，我发现我很小的女儿从国外回国，走进游乐场同年龄段的孩子中间，两个小时的游戏时间虽然没有言语，但几十个孩子已形成团队，有着丰富的情感交流，玩得很开心。的确，儿童们保留着比成年人更多的可视化的天赋，如果换成成年男女，我想除了发生爱情，其他的天赋都损失殆尽了吧。

人类文明的进步，远远快于人类基因的进步。人类少年时代，还残存着很多可视化的信息模式语言。为此，加州大学环境艺术中心创始人亚历山大进行了一生的研究。得益于父母都是考古学家，亚历山大一直在进行建筑形状、形态、装潢、环境对于人认知的影响。《建筑模式语言》提供了 253 个描述城镇、邻里、住宅、花园、房间及内部构造的模式，这些会说话的建筑模式对人的影响，远远超过语言和文字的解释。亚历山大说："我们深信无疑，模式语言要比一本手册、一位教师或另一种可能的模式语言略胜一筹。这里的许多模式看来在今天和以后的 500 年间将成为人性的一部分，成为富有人情味的行动的一部分。"亚历山大从模式语言出发，将大学建筑定义为"像市场一样开放的大学"，大家想，是不是很超前？

人类的思维，在过去的 3000 年，受制于文字这个载体，需要转换成语言，再转换成文字，文字的载体再通过眼睛解码，在不同的人的大脑中传递。然而，不同的大脑，由于建构不同，见过的东西不同，同样的文字被理解后就会形成偏差。更加重要的是，文字传承了核心思维方式的同时，筛选掉了文字难以表达的非常灵性的东西。

在过去 10 年，我们一直致力于将实验室的科学，尽可能少地用文字转码，而是多采用光场理论直接传输，这样会使学生的理解更加直接，传输的偏差也会降低。

从创客空间开始的，大家都知道，世界上有非常多的科学家和企业家，其办公桌都是很"乱"的，与此类似，创客空间也是很"乱"的。那么，我就从

马克·吐温的桌面

整齐是怎么来的开始研究，我发现，所谓整齐，就是要求信息分层传输，或者说要求信息被可视化垄断。在等级社会，信息的垄断和可视化垄断，是权力的必然要求。然而，创造社会和创新社会，却要求信息通达、快速检索，那么信息的扁平化就是关键，而桌子乱不乱，是和桌子的主人的视觉收集模式相关的，也就是，我们在软件开发与网站开发中经常讲到的"能点一下鼠标，尽量不要点两下"的体验要求。然而，问题在于，乱并不是信息扁平化，企业家的"乱"、创客中心的"乱"，是和主体搜索模式及视觉模式优化的结果，不是简单的"乱"能够形容的。

从创客空间开始，我们又可以研究大小课模式。上海复旦大学的史带楼，每一层的空间都由一个很大的报告厅和周边非常多的小研讨室构成，再加上非常好的舒适的茶水间以及配备精良的卫生间。这些，用建筑模式语言来说，是适应EMBA现代化信息和人性管理的模式语言，是大班上课、小班研讨的信息传递模式所要求的。另外，很多学校现在开始先有校长，再有校园，教育地产的概念逐渐被认可，而其最主要的也是教育信息模式语言。

再往下，我们做了非常多的深入的探讨，比如创意咖啡厅、教学互动、实验室中的IT模式语言、一站式服务的模式语言、地理信息系统的应用、聚焦与拉伸、全景广场、远程系统、模拟系统、仿真系统、虚拟系统、信息图式、可视化叙事、全景地图、知识地图、数据图层、影子系统、知识临近区、知识可视化、平行世界、管理可视化。以上这些，一般的教育技术公司遵循的是客户需求导向，而一个设计教育者和教育设计师，应该懂信息模式导向。

信息模式导向，不仅仅是用信息技术将图画得好看，也不仅仅是运用色彩、线条、粗细、宽窄、距离、长度、面积、形状的能力，而是将教育理念和教育目标融入到可视化的技术当中。其中，可视化要做的是：（1）选择合适的故事维度叙说教育的故事；（2）将故事的维度映射到信息模式语言的维度体系当中；（3）得到初步的可视化图表，进行信息模式语言鉴别：从更直观的角度审视故事，发现隐含的不和谐之处，必要时进行补齐；（4）基于教育模式语言鉴别的结论，重新挖掘和修改故事，寻找可视化图表中被补齐的维度的对应维度；（5）如此反复。

庚商作品：全景实验室

庚商作品：影子系统

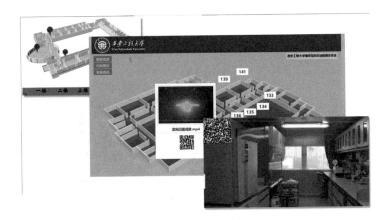

庚商作品：知识地图

庚商作品：远程系统

庚商作品：四全系统

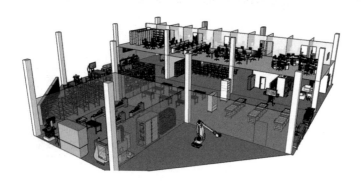

庚商作品：创客空间

无知本身是一种天赋

2015 年 11 月，美国南加州大学神经生物学教授 Theodore Berger 宣布，已经对癫痫患者进行人体实验，破解了人体记忆的奥秘。在此之前，Theodore Berger 已经完成对猴子、老鼠的记忆实验，一种特制的芯片从一只被特殊训练过的猴子大脑移植到另外一只根本没有接受训练的猴子大脑的海马体，后面这只猴子展现出前面那只猴子被训练后才有的某种能力。Theodore Berger 教授宣称大脑芯片的发明能够解决癫痫和老年痴呆等病人的脑损伤，但事情不会止步于此。Theodore Berger 教授还表示，随着植入硬件的发展，未来人类的意识有望永存。

从坎贝尔发现短期记忆和长期记忆的关系开始，脑科学飞速发展，坎贝

Theodore Berger 宣布在人体进行脑芯片实验

尔用最简单的海兔做了几十年实验才有所成就的，而今天的 Theodore Berger 能够直接用人做实验了。两者的不同是，Theodore Berger 不仅需要将短期记忆和长期记忆搞清楚，还必须搞清楚信号是如何传输和存储的。坎贝尔得到诺贝尔奖的同时，还成立了一家饱受争议的医药高科技公司，并去治疗脑疾病，而 Theodore Berger 的成果不止于治疗，它对人工智能的走向及教育思维都有着很大的冲击。

几十年来，教师一直受到一种错误观点的左右，即人脑真正被开发出来的比例只有 5% 或 10%，其实这两种说法都是人类脑科学研究的早期阶段性成果或误传。1920 年，脑科学家 Karl Lashley 进行记忆实验的时候，发现只要留下老鼠 5% 的大脑，它还能正常钻出迷宫，于是 5% 的大脑使用率由此得出。同样，一位计算机学家和一位生理学家探讨脑科学问题，生理学家提出："人类数十亿神经突触，只有数亿与记忆相关"，而计算机学家根据生理学家提出的结论得出人脑只使用了 10% 的结论，也因而高估了人类大脑的开发潜力。

如果说，记忆存储和人工智能不断发展，将来机器记忆和人脑记忆被打通，是不是原先无用的记忆就不需要了呢？当我们的教育中大多数时间用来记忆可以通过网络随时得到的知识的时候，人的价值到底何在呢？

有一则笑话或许可以解释这一切：爱因斯坦和白痴去世后，都到了天堂。上帝需要将他们的大脑格式化然后重新投胎。在投胎之前，上帝会购买两人大脑的容量，结果爱因斯坦的大脑 5 美金，而白痴的大脑 5000 美金。爱因斯坦大惑不解，上帝解释："白痴的大脑没有用过，因此值钱。"

没有用过的大脑会更值钱吗？在没有人工智能的时候，教育界的人从来不这样认为，因为只有经过知识灌输的大脑才适应社会。因此得出：知识就是力量，知识越多越好。可是，随着信息过载时代的来临，再加上人工智能的发展，今后未必是这样的情况。

大家知道蜜蜂不经过训练就可以工作，很多动物生下来就可以自力，而人不行。动物会某种本领有两种渠道，一种是基因本身带来，另一种是通过学习得来的。很显然，越低级的动物，其技能越来自基因本能，而越高级的动物，其技能越多来自后天的学习。为什么人类的大脑中不遗留更多的遗传基因，比如生下来就会说话、就会做数学题、就会背诗歌呢？似乎智慧的人类遗传只造就了一个智慧的人的空壳，而大脑只保留了部分必要的基因。脑科学的研究给我们启示，大脑被格式化是非常重要的，那是因为，只有如此，人类才能不断学习近几十年甚至近几年才出现的新事物，而不需要人类大脑快速进化。否则，一个孩子一生下来就会说话当然好，但是如果说的是古代安阳的殷墟土语呢？人类的进步远远快于大脑进步的意义在于，它可以学习，而可以学习必须是人生下来有个"无知"的大脑。

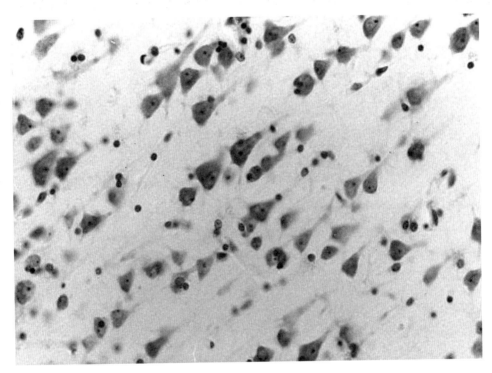

爱因斯坦的大脑切片在费城展出，值得思考的是，假如300年后你还是这个大脑，是不是还不如干脆格式化掉？

一寸光阴一寸金，寸金难买寸光阴。人类记忆的成长使很多技能具备窗口期，过了这个窗口期，也很难再有所建树。例如，语言、音乐、美术、体育、计算机等等，都有其窗口期。随着窗口期的发现，以及大脑容量被开发的有限

李世石一个人面对的 DEEPMIND 伦敦运算中心，AlphaGo 算不算作弊？

性，学习就成为科学，而不仅仅是情怀。知识越多，不一定越好。从这个角度来看，所谓天才是否就可以理解成"大脑没有被格式化得很干净的人？"而白痴是"拥有格式化得太干净的大脑"的人？最近英国的科学家的研究也证实了，数学严密的人，其大脑的物理结构是不一样的。数学好很重要，然而这也是这 100 年来的结论，如果每一个人都具有很好的数学基因的大脑，那么几百年后，如果数学不重要了，或者今天我们看待的数学不重要了，又如何办呢？还好，大自然给大多数人一个格式化得比较干净的大脑。

Theodore Berger 的海马体芯片技术的黑科技，使得"海马体外包"成为可能，并冲击了人类数千年形成的教育哲学。在海马体可以外包的年代，什么是人的价值？什么又是教育的价值？

2016 年 3 月，AlphaGo 大战韩国棋手李世石，并以 4∶1 大胜。在我看来，这件事是迟早的事情，那是因为，就李世石的大脑来说，能够记住几千个棋局已经是天才了，而 AlphaGo 的"大脑"中可以输入数不尽的棋局。AlphaGo 模型是靠两个"大脑"：一个是落子选择器，另一个是棋局评估器。无论前面一个还是后面一个，人类的大脑都无法和与之相比。下棋有一句话，叫"观棋不语"，而 AlphaGo 不仅说话，在下棋的时候还利用分布式的计算机，使用 40 个搜索线程，1202 个 CPU 与 176 个 GPU 实现每一步的计算，从这个角度上看，机器不仅比人脑拥有更多的外援（外脑），双方更处于不公平的地步。也就是说，李世石只有动用 40 个场外指导、1202 个团队成员、176 个棋局演示，再拥有足够的计算时间，方可以和 AlphaGo 算是平等对弈。

"利用外脑，利用技术手段"，这也就是马克思所说的人与动物最大的区别：人类可以发明和使用工具。而千百年来，我们的教育更多的是在如何开发大脑和让大脑存储更多的知识层面上起作用，这个临界点，已经到了。

AlphaGo 和人下棋，只是谷歌为了让普通人们了解人工智能科技而进行的一场市场营销活动。事实上，其应用远比下棋广泛得多。比如，人们可以下载一个 APP，将自己的病情输入，人工智能可以将数以亿计的案例、数以千计的药品、数以百计的厂家关联起来，这些智能计算的难度并不比下棋困难，因而医生用药的准确性是肯定会输给人工智能的。同样的，我们将学校的每个孩子的情况输入计算机，所得出的针对性的教学方案是否也会比"特级教师"好得多呢？

AlphaGo 也好，森蓝也好，人工智能使用的都是具有创造性的科学家发明的算法，并且这些算法一旦成型，机器本身效率很高，却很难改进，存在系统性的误差。而且在非常个性化的针对性以及创造性思维上，机器基本上不能和人相比。原因在于，自然给了我们人一个空白的和格式化大脑的同时，也给了我们学习的能力。例如，一台机器可以代替人类去收集网络的数据，并使用贝叶斯的算法进行分析，也可以通过频度的算法给出结论，然而人类争论了几百年的统计学的频度派和贝叶斯派，只有具有数学思维和学习能力的人，才可能判断之间的微妙差距。

2014 年 2 月，《自然》杂志发表评论，在统计学中具有重要意义的 P 值，并没有科学家想象的那样重要，而过去的几十年中，绝大多数科学家不正确地使用了 P 值来进行科学统计和归纳。与此同时，绝大多数人工智能的软件，也都会在统计处理中，计算 P 值，并当作原理不分场合地应用。而这个事实，也只有 Regina Nuzzo 这样学习能力和思辨能力很强的人才会发现。

2013 年，我在卡内基梅隆大学访学，见到了匹兹堡大学著名的层次分析法之父托马斯·萨蒂，年纪将近 90 岁的老教授，还在坚持教课。萨蒂上个世纪发明了 AHP 分析法，也就是专家评判法。简单地说，这个方法就是通

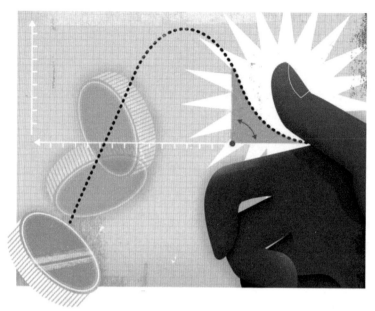

《自然》纠正之前，无数科学家已经错用了几十年 P 值，电脑会用对吗？

过检验不同专家对于同一件事情的分歧算法，而进一步对一件客观事情的构
成要素的权重进行计算。有了专家评判法，才有了我们后来的专家系统，以
及智能决策，这在人工智能方面也是重要的基础。然而，萨蒂说，其实专
家算法是专家对一件事情的主观评价，一致性检验也和客体毫无关系，然
而，无论是中国的学者的论文还是其他国家学者的论文，用错的比例都不在
少数。

　　既然统计学中的贝叶斯派和频度派对统计的基石有截然不同的看法，既然
大多数科学家对简单的统计学 P 值都误用几十年，既然所谓的专家主观评价都
会被滥用，那么，建立在黑箱中的人工智能，效率可以很高，但出错也都是意
料之中，这就是人的价值。这也是为什么李世石也会赢 AlphaGo 一局，即使那
一局中直到最后一刻 AlphaGo 系统中也一直以胜率领先；这也是为什么可以让
计算机开药，但医生必不可少，今后指导学生可以更多依靠数据科学，但教师
会更加重要。

　　我相信，有了人工智能后，需要更多的医生而不是更少，但是医生工作的

侧重点将完全转变。有了人工智能之后，也需要更多的教师，但教师的职责也不再是自己仅存的经验，而是更具有创造性和个性化的指导。

　　未来教师的职责在于，感谢学生们的无知天赋，并让自己去指导在适当的时间窗口学习，同时极力避免向学生大脑中塞不需要的"垃圾"。

课下是比特，课上是剧场

1758年，自称日内瓦市民并以此为自豪的卢梭与常居在日内瓦的伏尔泰，因为一个剧院的建立与否，开始分道扬镳的争吵。一对在法国成名并被称为法国启蒙运动的关键人物的巨匠，因为对科学和艺术的观念不同而"大打出手"。从此，伏尔泰逢卢梭必反，而卢梭逢伏尔泰必谩骂。伏尔泰称卢梭为疯子，而卢梭称伏尔泰为阴谋家。然而，最终得益的居然是两个人的共同对手：宗教势力。第一回合，宗教和保守势力利用卢梭成功地禁止了剧院的建立，并进而禁止了戏剧的演出。第二回合，伏尔泰成功反击，利用自己的影响成功地将《爱弥儿》《忏悔录》指责为禁书，将卢梭称为疯子，使得卢梭在法国和瑞士成为被通缉的对象。两个人争斗了一辈子，伏尔泰于1778年去世，就像《红楼梦》的判词一般让人嘘唏；同年7月，真疯了的卢梭

伏尔泰和卢梭，争论几百年，到死不停止。

也去世，去世后的两人被安葬在法国同一个圣殿的最中心位置——先贤祠，继续他们的争吵。

两个人所争何物呢？也许下面这句话，能够代表争论的核心：

有的人可以因为一个悲剧故事而痛哭流涕，但不会对生活中的一个可怜人表示同情。戏剧的发明不可思议地用所有那些我们并不具备的美德来满足我们的虚荣心。

——《关于戏剧演出给达朗贝尔的信》（让 - 雅克·卢梭）

也就是说，一直以伏尔泰为榜样和老师的卢梭，哪怕面对共同的敌人：宗教和保守势力，也不能认同伏尔泰的精英和理性主义所代表的"百科全书"派。以感性著称的卢梭，发动底层民众走向街头，以一面民族主义的旗帜，反对伏尔泰所代表的精英教育，而这个触发点就是伏尔泰支持建立剧院和戏剧演出。

也许卢梭认为，每一个孩子都是演员，发掘孩子内心的特性和天才才是最重要的，进而认为伏尔泰所带来的"百科全书"似的文化解放，不仅不会解放日内瓦的思想，反而会毁掉这座城市。

卢梭与伏尔泰的争论集中于政府在文化中的作用。卢梭认为，日内瓦作为一个小城市，政府用公共建设的经费，满足精英的虚荣心，不但会毁掉这个城市的经济，也会毁掉这个城市的文化。卢梭与伏尔泰的争论一直持续了下去，成为一枚硬币的两面，没有谁对谁错，却也难舍难分。在他们长达20年的争论中，我们没有看到宽容大度与君子风度，然而在对真理的追求中，也许这些品格上的东西实在太微不足道了。直到两位大师去世以后，法国人民才像迎接圣贤般将他们放置在法国最神圣的灵堂的核心位置。他们两个人，此后一直被认为是法国大革命最重要的精神导师。

在戏剧上造诣很高的伏尔泰和卢梭，用各自的一生演绎了一出戏剧，影响了后世的哲学走向，而他们关于教育与戏剧间的关系的争论却依然保持到今天。

2016年9月20日，克罗地亚籍著名戏剧导演伊维萨来到了苏州科技城实验小学，这是他近两年来第几十次来到中国。63 岁的伊维萨刚刚从连任两届的国际青少年戏剧协会秘书长的位置上退休，就像当年卢梭回到乡村一样，他来到了中国，用伊维萨的话来说，此后不准备回欧洲了。与几百年前的卢梭坚决反对伏尔泰将法国的戏剧带到瑞典一样，他坚决地反对用大量单一的英国式儿童戏剧教育充斥中国。伊维萨更加反对的是中国的孩子用英语来演欧洲的戏剧。"中国有那么多好东西，儿童为什么不用母语演自己的东西呢？每一个孩子都是艺术天才，为什么教师还要叫孩子演别人的技巧呢？"

伊维萨考察完北京、深圳、西安后，深深地担忧中国日益火爆的戏剧教育，对乌鸦般、讲座似的戏剧培训忧心忡忡。但当他来到苏州科技城实验小学、西交利物浦大学附属学校时，他对这两所苏州学校的教育却赞不绝口。两个学校的校长都不希望进行精英演出似的戏剧教育，而希望发挥每个孩子内心的想法来开展功能性教育戏剧，这与伊维萨要干的事非常合拍。在苏州科技城实验小学，当看到由校长参与设计的戏剧舞台时，伊维萨非常激动，他说："对于一个导演来讲，舞台就是我的家，一看到你的舞台，我就知道到家了，你要做的是那种戏剧教育。"考察完所有的场所后，他对校长徐瑛说："唯一遗憾的

伊维萨对徐瑛校长说：舞台就是我的家

是，缺少几个小房间，那里是老师给学生讲故事的地方。"

功能戏剧对于学生的作用自不必说，就连管理学大师德鲁克都认为：何必学管理呢，学戏剧和写作就够了。如果说这些年非常火爆的儿童戏剧教育就像当年伏尔泰将法国的剧场和戏剧引入瑞士，那么伊维萨今天谈的针对儿童的教育戏剧，就像当年卢梭针对每一个个性的孩子所观察并写出来的教育巨作《爱弥尔》一样，对于中国来说，哪一个都不能少，且更不能少的，是争论背后的思辨。

近些年来，教育部和各级教育主管部门，都在推广各式各样的样板工程，如国家工程示范中心、虚拟仿真示范中心、国示范、省示范、技能大赛等，起到了一定的激发学校的作用。然而，有的学校为了争取示范，造假、拼材料、以赛代教，大量的实验设备不是用于普通学生的学习，而是为了迎接评估，为了选拔百分之一、千分之一的优秀学生，这越来越背离教育的原来含义。更为重要的是，很多学校具有自己的教学特色，为了迎接评估，正在逐渐丢失自己的特色。这其实正是当年卢梭反对伏尔泰剧院进瑞士的核心观点。

"每一个孩子都是天才，但是只有少数的孩子符合演出的要求，能够登上舞台。对大多数孩子的戏剧教育来说，由于他们没有学习戏剧的技巧，我们怎么教呢？因此更重要的是让他们演自己，演自己观察到的同伴的行为，演自己国家本土的东西，所以教育戏剧更重要的是激发出每个孩子的创新、激情、理解力、观察力和想象力，通过释放自己，保持童真。"伊维萨希望用未来的10年，培养5位教师，每5位老师培养5个学生，这样就会将原汁原味而又符合中国人习惯的教育戏剧推广开来。

对于信息化教育以及在线教育，伊维萨并不太清楚，甚至带有部分的偏见和敌意，但怀有浓厚的兴趣。三天时间，我除了赞同他卢梭似的教育戏剧理念，更重要的是与他争论关于信息化在教育戏剧中的作用。[1]

在过去的10年，我一直教一门网络创客课程。起初我发现课程应该以实

---

[1] http://v.youku.com/v_show/id_XMTczNzE4NDU1Ng==.html 信息化，在实验课程教学中是容器和微服务的作用。

验为中心，因此推广和搭建各种"理实一体化"的课程，试图将学生多多留在实验室而不是教室和宿舍；后来，针对学校管理部门的需求，在 100 多个大学搭建了基于物联网的实验管理体系之后，我才意识到实验应该以数据为中心，如果 10000 个小时专业高强度的训练能够成就一个专家的话，大学四年学生应该在实验室待上 2000 个小时。通过对多个大学的大量数据的分析，我发现了一些奇特的事情：男学渣和女学霸的创造力反向问题、星座与实验倾向问题、省份与 GPA 绩点的关系问题、实验室图书馆和教室的学习效率问题。我有两个角色，一个是教育科技公司的创始人，积累了数百万学生的行为数据；另一个是普通的创客课程的教师。针对自己得到的一些结论，我在学生分组的时候就注意男生和女生的搭配、星座性格的搭配、奖学金的搭配、不及格率的搭配、省份的搭配，实验效果极好。这也就是我的最后一个发现：数据以人为中心。

由于我是计算机老师，倾向于将资源共享给学生。那么，具有信息化支撑的课程，和不具有信息化支撑的课程有什么区别呢？一般认为，以迎评为中心的实验室建设和信息化建设，都是建立很炫的电子化设备，而以数据为中心的实验信息化建设，会以管理融合以及数据对接为中心，主要是物联网及软件的应用。但是，我发现，对于一门课来说，课堂上信息化是解放老师的，甚至是排斥信息化才对，而课下，才是信息化的主要支撑。因此我提出了一个概念：比特剧场，即由于有了信息化的支撑，实验室和课程越来越像一个剧场，教室通过个性化小批次的指导，让学生讲述自己的故事，并将课程融合到演出中。而课下，通过演出的比特容器和微服务，打造一个更加适合的资源池。在课程中由于有了容器和微服务的支撑，我将花更多的时间针对性地对团队和学生进行指导，将教学重点放在最差而不是最好的几个学生中。下面，是我这门教育戏剧课程的主要支撑。[①]

---

① http://v.youku.com/v_show/id_XMTczNzE3OTYxNg==.html 学生小组作业（节选），要求学生用技术讲故事。

课程容器中的剧本：教师不再单向付出。

- 课程分三段学习：前六周、中六周、后六周；

- 教师按团队授课：理论课、实验课、作品课；

- 学生按作品考核：在线考、技能关、团队演。

演出微服务的数字化容器：不教是为了演。

- 知识、技能、体验，设计剧本，走入故事中的师与生；

- 知识数码化：3千题库、微课、20次作业，不再教；

- 50G的资深给学生、教师却教自己不曾会的东西；

- 指向个性化的有用、有趣、有钱的任务系统；

- 提供最新、最炫、最感人实际场景与平行世界；

- 构建以实验室为核心的知识地图，打造沉浸校园。

对于我的教育戏剧理念和实践，伊维萨表示认同，而对于我的信息化和网络的作用，他却一直保持警觉。他一直强调教师最重要，而我最先强调的是教师和技术同样重要。当我忽然明白了卢梭和伏尔泰的争论的戏剧性后，我突然改口，说技术最重要。

也许，技术重要还是教师重要，是一个还会争论几百年的话题，就像硬币的两面。我突然悟道，为什么开始对伏尔泰敬仰有加的卢梭，在1558年跳出来反对他的人生导师。伏尔泰和卢梭争斗了20年，这一出戏剧，是互相成就的人生。

软件定义学校系统

公元 1035 年，新任的苏州市委书记范仲淹上任后半年，苏州政通人和，百废俱兴，范仲淹决定用自己的积蓄安一个家。范仲淹选了今天姑苏区一块离自己办公室不远的地。就要盖房子了，30 里外香山村的父老乡亲深深为这个有出息的亲戚自豪，请了方圆百里最出名的风水先生一起看看房子。风水先生一看，大为惊讶，说："这块地好得不得了，不仅范大官人会当宰相，以后也会状元满门。"正当乡亲们为范仲淹庆贺的时候，范仲淹作出了一个决定：将自己这座房子捐给苏州父老乡亲做学校。范仲淹这样解释："如果说这块地这么好，将来出人才，范家是无缘享受的，如果给苏州人使用，办个学校，岂不是人才辈出吗？"

借风水先生吉言，范仲淹在庆历三年终于做了宰相。荣归故里，回到苏州，先看了已经办得风风火火的苏州府学，又回到香山村，结果发现家乡田地荒芜。乡亲们告诉范仲淹，村里年轻人以范仲淹为榜样，都去读书，不再有人种田。范仲淹将村民召集起来，说村里人很正直，不适合做官。同时为家乡人指出了一条道路：皇宫经常大火，北宋经济发达，但在山水园林方面，河南人做工比较粗糙，将村里有特长的木工师傅组织起来，进行职业发展，岂不更合适？

范仲淹看房子，看的不是房子，是房屋系统；范仲淹搞教育，搞的不是学校，是教育系统。在范仲淹之后，15% 的中国状元和 8% 的院士产自苏州，如果你去苏州从一中一直看到十中，就会明白，不仅仅是苏州中学，这些学校基本上都在范仲淹当初办学的地理势力范围，如另外一所苏州的顶级学校苏州一中，原是苏州中学的初中部。

2009年，我到中山大学拜访中国行政管理创始人夏书章先生。正值寒假，学院里就他一个人，大树之下老先生仙风鹤骨，由于办公室没有开门，他向我介绍整个学院和墙上的教师照片。90岁高龄的夏先生竟然能够清楚地讲出百位教师的原籍和专业特长。来到一个雕像旁，夏先生问我这是谁呀？我有点眼熟，一时回答不出来，夏先生狡黠地微笑："这就是我呀！"如今，将近百岁的夏书章还会出差做报告，过节的时候，还会发节日祝贺，碰到亲近的人，还会亲自打电话。但是，我邀请让夏先生给上海海事大学的学生做报告的时候，夏先生说："你们学校有大树吗？没有大树的学校我不去！"

从范仲淹的苏州府学、香山职业技术学校、天平山庄，到夏书章的大树学校，教育系统到底是什么呢？是什么延续了一个地方的人杰地灵和一所学校的辉煌呢？是环境？是文化？还是理念呢？

1956年，哈佛、耶鲁、普林斯顿、哥伦比亚四个具有长期体育赛事的学校成立四校联盟，后来又扩展到8所，这8所学校的校长们定期聚会，讨论规则和组织。由于这8所学校都得到联邦政府的巨额资助，因此在一起除了体育不免讨论共同的规则与财务等事项。与范仲淹修学校一样，常春藤联盟的创始人

夏书章指着这个雕像对我说："这就是我呀！"

查尔斯河边伸手不见五指的雪天的跑步者，就知道体育在哈佛人心中的地位。

也没有想到这会是一个产生影响深远的事件，只是他们顺应了某种规律：从学校到学校系统。

范仲淹的府学顺应了苏州作为一个城市的重新崛起和运河漕运的汇集点的规律，从此从杭州到京城 50 公里距离的学子进士和状元的比例占中国的 80%，而对后世的影响就是对 12 岁孩子的智商测验，这一范围的孩子直到今天平均智商还高于平均数 15% 以上；范仲淹的香山职业技术学校，使得香山工匠延续千年；范仲淹后人所聚集的天平山庄，延续的不仅仅是范仲淹的祖训，更重要的是漕运重要集散地的木渎古镇，经济使得家族的凝聚力更容易找到支点。常春藤起源于体育赛事，在体育赛事中校长们亲自赤膊上阵，其深远意义在于凝练的规则会更低成本地扩展到财务和学校管理领域。

夏书章先生说，要到一个具备大树的学校去讲课，其潜在意思是，一个大学没有百年的历史，是不可能成为名校并且价值观稳定的。

2016 年 8 月，西雅图华盛顿大学校友会举行了一个活动：留住华盛顿大学的计算机专业。华盛顿大学每年毕业的计算机专业学生不到 500 名，其中还有近 300 名学生离开西雅图这个城市，造成了星巴克、波音、微软等公司的人才荒。华盛顿大学的崛起，是伴随着几个巨型公司的崛起而崛起的：今天的福特董事长、波音董事长、微软董事长、苹果董事长、星巴克董事长等巨型公司BOSS 都是来自华盛顿大学的校友，微软的两个创始人也是在华大混机房长大的。

一个学校系统的建立，往往不是我们表面看到的那样，也不是学校声称的努力，往往是一些潜在的核心变量在起作用。教育家，只要顺应了这些核心变量的规律，就能成就一个学校系统，也就能成就教育。

2016 年 5 月，我在中国民办高等教育杭州论坛中做讲座——"从互联网＋到物联网＋，教育正悄悄发生一场怎样的革命"。会后，我与 10 所民办大学的董事长深入交流后，发现中国的高等教育正在悄悄发生一场革命，这场革命是从原来不起眼的，甚至没有上过大学的民办大学的创始人开始的。这些创始人，每天平均在学校工作 14 个小时，认识每一个教师，其对学校的了解远远超出夏书章先生。更重要的是，目前，民办教育快到了接班的高峰期，这些民办学校的创业者突然发现，一个企业让儿子接班很容易，但一所大学则是难上加难。

是的，目前的中国民办高校不仅到了接班的时刻，更重要的是集团化和联盟化发展，而这些发展，要么通过百年的大树似的惨烈竞争和淘汰，要么找到扩展和标准化的关键要素。实现信息化和智慧教育，虽然表面在于使用技术，背后是使用技术的人对于管理和组织的高度理解。这种经验，可以快速地迭代，跨越时间，完成百年的积累。

10 年前的医院，靠的是所谓名医，今天的三甲医院没有名医，靠的是先进的检查手段、标准化的管理系统 PACS、LIMS、HIS 和医生专业的诊断。今天的宾馆业，靠的是标准化的管理系统成就的连锁宾馆，店长虽然重要，但不再左右宾馆的品牌。

那么，中国的大学什么时候不再找校长？或者说，什么时候标准化的支撑，使得校长具有更个性的发挥空间？智慧教育对于学校系统来讲，也许在于标准化的管理和个性化的教育家。

大数据给教育带来了怎样的可能

一

随着互联网、云计算等技术的发展，大数据在各个领域的应用越来越广泛。大数据热潮之下，教育会发生怎样的变化？值得大家去思考。

通过对大数据研究发现，每当产业变革的时候，由于原本的教育是为过去的产业配套的，所以，教育有时候会滞后于产业的变革。比如，进入工业化后，农业社会的私塾教育便乏善可陈。同样，现在进入信息社会，你会发现原来与工业化配套的教育也落后了。所以，研究现代教育时不能回避它背后的全球产业问题，不能忽视信息和数据本身起到的越来越大的作用。

技术的普及会大量解放人力，解放那些原本具有天分但对学校里的学习没有兴趣的人，有了技术的帮助，事实上他们不需要那么依赖于教师了，技术解放教师的同时，也解放了这些孩子。

那么，是不是说，技术发展了，教师就越来越没用了呢？许多情况下，一说到技术，很多教师首先想到的就是自己的地位可能会受到冲击，等在线教育火了，教师的工作可能就保不住了。事实上，情况恰恰相反，通过查阅大数据及文献，我们会发现：从孔子所处的时代到今天，随着技术的进步，教师不是越来越少了，而是越来越多了。

孔子教书，多是与学生对话，他带的学生是非常有限的，他的许多思想就是通过传抄传给弟子。再往后，建立了博学馆，汉朝王莽开始建立乡村学校，宋朝开始建立类似现代大学的机构，100多年前，现代教育机构诞生，教师也慢慢变得越来越多。

我们回头看一千多年的历史变化，得出的结论就是，技术越发展，教师越吃香，最显著的变化是翻转课堂。信息技术下的教育可以不要教师了吗？恰恰相反，如今教学录播视频已经越来越标准化，但是学生是个性的，课堂作业、个性化辅导就需要教师更多的帮助。

美国公立学校一般25个学生一个班，私立学校15到18个学生一个班。可汗学院的翻转课堂，一个班级有两个教师，即达到1:7的比例。随着教师越来越多，教师的地位在一定意义上变得越来越低。过去教师权力很大，现在权力越来越小，唯一在上升的是指导权，其他的权力都在下降。因此，并不是说教育技术取代了教师，而是技术重新定义了教育。我们过去没有技术的时候，教师的主要功能是什么？教师是知识的传授者，因为处在知识的垄断地位，所以地位很高。到了今天，则很难讲教师比学生懂得更多、更权威、更准确。但教师是不是更重要呢？当然更重要了。为什么？教师的功能发生转变了，随着知识从学校教育里面逐步地剥离出去，知识传授不再是教师必然必要且最重要的职能。由于技术的变革，教育发生着深刻的变革，技术重新定义了教育的功能，过去是传授——传道、授业、解惑。随着信息技术大数据的发展，我们教师的功能若不变革的话，教师是会失业的。

教书真正的意义是发挥教师的指导作用。苏格拉底说过一句话，"我不是知识的传播者，我是知识的助产师"。教师不是储藏知识的，他的功能在于帮助学生，教会他方法。

二

大数据还教会我们用比较客观的视角来看待很多教育理念的争论。

比如大家都在谈杜威，谈应试教育，谈通识教育，但是很少有人研究哈钦斯的通识教育和杜威的教育理念的时代背景，尤其是他们当时提出来的教育理论的技术背景有什么不同。如果能够考察大量的学校和家庭，在此基础上用技术背景来解释它们理念的不同，你会发现有些东西会豁然开朗。

一般人认为，杜威倡导的是实用教育，是面向城市的教育，虽然他是回到乡村，回到社区。那么，我们就要研究那个年代的社区是什么，我们要知道当时的芝加哥、哥伦比亚的社区，和我们今天中国的乡村是不一样的。

我们还知道，当时还有一类人，在工业文明的时候试图回到中世纪，回到过去的教育，比如，哈钦斯提倡通识教育。

我很奇怪一件事情，杜威和哈钦斯的教育理念是非常对立的，但是中国的学者几乎看不到它们之间的区别，把它们当作美式和西方教育全面吸收。我们总爱提东方教育和西方教育，事实上，不同时代的教育差别更大，差别在哪里？在于技术，以及我们对技术的看法。托夫勒提倡用技术的眼光来看待教育，在他的《未来的冲击》这本书里面，就有未来的教育这个章节，他坚定地支持杜威面向现代的教育，甚至提出面向未来的教育，面对互联网所提倡的教育方式——在线教育、多室同堂、在家上学，提倡个性化教育。

我们不能无视这个时代，不能无视技术给教育带来的影响。事实上你仔细想想，这三千年来，教育的进步就是时代的进步、技术的进步。我们通过对大数据分析会发现：单就教育来看，人类历史上的每次技术进步——竹简、石刻、造纸、印刷术、线装书……都对应着伟大的教育家的产生。我们如果能够历数 50 位教育大家，会发现他们几乎都是在每一项新技术诞生后 30 年内产生的。

什么原因？技术触动了教育的进步。不同的年代，教育的作用是不一样的。技术的真正作用是解放，从 3000 年前到 2000 年前，直至 500 年前，再至今天，所有教育的变革，跟技术的进步息息相关。

三

我们对大数据的理解，还有很大的偏差。比如如何看分数，如何评价学生，再具体到个人，他是好学生还是不好的学生，不是分数就完全可以说明白的。

美国也搞应试，他们也在研究怎么提高 SAT 成绩，让学生顺利升入大学。但是你会发现一件非常奇妙的事情，中国对大数据的理解要加引号，从我们目前对大数据的定义来说，我们所谓的"大数据"并不是大数据。比如高考，高考成绩 580 分进清华，579 分就进不了；580 分以上才能进清华，579 分的考生如果进了就是不公平。美国根本就不是这么一回事，它是采用大数据思路的。若仔细分析美国高考制度中的 SAT 成绩，会发现它不完全是我们关注的这些应试的内容，更多看重批判性思维、作文等这些东西。美国的 SAT 成绩只是数据中的一项，它还要看学生的 GPA 成绩。什么是 GPA 成绩呢？美国会将你从小学到高中的所有成绩都记录在 Edline 网站，是造不了假的，每一次作业，每一次考试，它都会记录在内。我女儿在美国，她一个学期有 5 门课，每门课有几十次作业，最后构成了她的 GPA 成绩，就是她日常学习的表征。美国没有什么期末考试，期中考试也有严格的界限，几十次考试的成绩构成了学习档案。若你要想成为一个好学生，你就得一直努力。一系列数字构成了一个数据的证据链，这是 GPA 的做法。美国通用的做法是 4.0 分是最高分，很多名校要达到 3.8 分才能报考，也有的学校要求 3.5 分以上，但要想达到 3.5 分以上其实是一件很难的事情。

这两项加在一起还不构成全部，还要看第三项成绩，就是志愿者记录。你要写推荐信，介绍自己参加过哪些志愿者活动、做过什么事情。第四项就是你的特长和领袖气质，比如，你是否是学校的长跑冠军？是否是篮球队长？是否是画画冠军？你干过一件什么样的事情，怎样把大家召集在一起，别人是否会听你的？这些很不简单，想要造假也很难，因为你要积累四年的数据，构成一个指标。他们录取的标准不仅有 SAT、GPA、特长，还有爱心，四项加起来，人与人的区别就显现出来了。

评价标准不一样，每个人可以有自己的选择标准，是非常有趣的现象，这就会形成更多个性化的标准和个性化的应用。

四

我们研究大数据，不能仅仅把它局限在技术层面。说得直白一点，不能仅仅理解为互联网当中的数据，而应该是人类学、社会学、社会关系学背景下的大数据。

工业化时代的教育，由于强调大批量、标准化生产，我们把一个个具体的人，抽象成一个具体的特征，符合这种特征的才是符合未来发展方向的，不符合这种特征的，我们就想办法把它去掉。在这种高度抽象和具象化的过程中，人性被抽离。

随着大量重复的标准化的工作被机器代替，被数据代替，人类面向创新社会的时候，那些原本被我们忽视的个性，那些人和人之间真正不同的技能，才得到关注。比如说每个人都会画丁字尺，我们就会认为这是人和动物的区别，会的才是人；等丁字尺和数学计算被计算机和人工智能代替的时候，你会发现，人和人最大的区别是天分不同，个性不同，而不是会不会画丁字尺这件事。

所以，随着人类社会从工业化向信息化迈进，全世界都朝着创新社会、信息社会和个性社会发展变化，如果中小学教师还指望把标准化的东西教给学生，对教育来说是非常不利的。

这时候我们会发现，现代社会需要的人是多种多样的，而为工业化文明配套的人才标准已不能适应这个社会。从另外一个角度来讲，恰恰是过去产生的那些所谓"不好"的学生，他们不愿意被工业化的教育方式所校正，或许更适应现在和未来的社会。

网络时代和大数据，给了我们发展个性的机会，每个人都可以选择自己的圈子，这在教育学上意义非凡。说一个非常简单的例子：那些所谓学习不好的孩子，如果他们在某些方面有一致的特长，把他们组成一个学习小组，或者组成一个学校，你再看他们的表现，远远不是现在这样。

五

我们常常讨论什么是好的教育，什么是坏的教育，大家众说纷纭，莫衷一是。其实，在我们评价一件事情时，一定要有一个坐标。讨论这个话题的坐标是现代社会中什么是好的教育。大数据给了我们一种可能性，这种可能性使你可以从不同的视角去看同一件事情。

工业社会的教育，考核数理化，当然是好的。不需要你过多发挥主观能动性，无需你创新。但是现在以及未来，不再需要那样的人，我们更需要的是懂社会、会合作的人。小型化、专业化、个性化将是未来人才培养的主流方向。

因此，现代社会中好的教育，要提倡"学校即生活"。现在不是学何种知识的问题，而是要适应多大的群体社会的问题。

比如，要想培养登月的宇航员，班级规模如果是30人，那将来学员怎么面对那么无聊、空洞和寂寞的时间？

再仔细想想，所有的学生都要面对将来的生活、将来的社会，所以，学校教育事实上要回到人本身。如果我们只需要应试，那目前的班级、学校规模，或许是有效的；但要培养创新的、具有个性的、适应未来社会的人，未来班级的规模是要适度控制的。

当然规模大小，要看教育的目标，要看学生将来要面对什么样的社会。将来的社会由于互联网的发展，他们可以自由选择自己的朋友圈，限制几乎越来越少。这样，人就会回到自己的本能状态。学习成绩的好坏，在一生中所起到的作用也会非常有限，我们现在要过的高考独木桥，也许就没有那么重要了。今后，学习是人一生的行为，教育最重要的，是"学校即生活"，是培养学生适应将来社会的能力。

在大数据背景下，知识教学不再只能在学校进行，作为教师，应该清醒地认识到教育的功能究竟是什么，我觉得，应该回到杜威的观点，就是"教育即生长"。那我们做教师的，在这样一个大数据的时代，应该把关注人的生长提升到重要的地位。

教育正悄悄发生一场这样的革命

一、教育变革有哪些环境和外在因素？

1. 信息技术前沿与创造性思维模式的影响

提到教育变革，首先想到的是外在环境和经济技术因素。事实上，绝大多数行业的变革已经早于教育而发生了。在各行业大变革的背景下，教育革命绝不是危言耸听。5 年前 10 年前，我们谈医院的改革还觉得危言耸听，但是大家看今天的医院：离开了 HIS 系统（健康管理系统）、LIMS 系统（实验管理系统）、PACS 系统（影像归档和通信系统）、RIS 系统（影像信息系统），基本上医院就开不下去，医院的核心竞争力不再是名医生，而是医疗体系。今天的公路，半数的收费系统都变为 ETC 收费系统了。著名大数据专家张小彦说，人类经济如同大海的平面波涛汹涌、人类的政治制度如同海的深处相对平静，而人类的文化却如同海底似乎永远不动。教育为什么变革那么慢呢？因为影响教育的既有政治因素，又有文化因素，更有人们的行为习惯因素。因此在产业的 30 年巨变后，教育成为最后一个顽固的堡垒。

教育变革是由学习变革推动的。美国 1997 年在家上学的比例只有 1.3%，到现在已经达 5% 左右。另外，近年来多数的美国著名创业者都是辍学生的现实，让我们能够还原出信息技术在学习中的革命作用。移动学习、随时随地学习、网络学习、查询资料、论文检索、社交网络，如果我们对比一下 10 年前和20年前的学习方式的话，就会得到非常明确的结论——学习的革命已经发生了。

由于互联网、物联网、大数据以及生命信息的发展，越来越多的人身不由己地被卷入到赛博空间。技术给人们带来的便利性只是事物的一面，由此带来的人们思维模式和行为习惯的改变并致使最终判断事物的价值取向的改变，才是事情发展的实质。互联网带来的互联网思维、物联网带来的跨界思维、大数据带来的用户思维、生命信息带来的生态思维，这是一场思维模式的变革，在这场变革中，人们越来越不愿意从事简单制造、越来越不愿意做一成不变的事情、人们的个性得到发展、坐办公室的人远远超过在工地干活儿的人、跨界和爱好成为主宰人们的兴趣所在、暂时性和临时组织成为人们接受的工作模式、人们不再相信权威而相信工具和自己的判断、原先的规划和设计观念转变成为迭代和用户思维、用户主权代替客户诱导。

信息技术一日千里，在中国已经有超过1/3的大学毕业生从事或者学习信息技术相关专业，而全世界的信息技术的进展在亿万人脑海中形成新的预期，诱导更多的人从事这方面的工作，给大家更大的想象空间。在这种大背景下，学校还是原先的样子：铃声、班级、教案、几十年不变的学科体系。工业化的基础，显然已经不能适应人们的预期，教育被广泛苛责，这不仅仅是中国的事情，而是全世界的共同情景。

2. 中国的教育现状和国民的教育期待

中国的情况还不太一样。在过去30年，中国是世界上成长最快的经济体，也是目前世界第二大经济体。在过去30多年，中国面临的教育情况和未来30年发生了本质的变化。从1950年到1980年，中国人口快速增长，那个时代的年轻人没有足够的就业岗位，邓小平时代做了两件大事，一件是恢复高考制度和由此带来的基础教育全面标准化，一件是对外开放，从而给大量富余的劳动力提供出路。过去30年的教育制度是正确的，因为培养了大量标准化和中低端的人才，解决的是中国工业化和城市化的问题。然而，从2009年开始，准确地说是从1996年开始，随着劳动力成本的提升和受世界经济循环的影响，中国的低端劳动力开始过剩而高端劳动力却不足。

相比世界各国的教育，国民对中国的教育期待更高、教育体系变革更少、社会经济环境变化更大，因此国民的不满意率非常高，已经到了用脚投票的时期。这种时候，任何一种新的教育形态的出现，都会获得很多掌声，从时机上看，教育也不得不革命了。

二、从新东方模式到蓝翔模式，教育剥离了什么？剩下了什么？

1. 新东方模式与走向云端的知识教育

当教育被人用脚投票的时候，市场化就能解决部分人的需求问题，这种时候补习班就应运而生了。新东方模式是最集中和典型的体现。事实上，教育的市场化在中国一直就没有停止过：从 20 世纪 80 年代的海淀和黄冈高考模拟试卷到 90 年代的新东方，再到近 10 年的学而思、精锐一对一等针对高考、中考的补习市场。

按照信息经济学的说法，教育有两个重要的功能，一是筛选人，二是培养人。新东方模式在筛选人方面无疑是成功的，在短期高强度训练后，成绩能上去的是适合学英语的。按照这个逻辑，托福机构和 SAT 机构不断和新东方模式进行猫捉老鼠的游戏，但是毫无疑问，应试是可以短期训练出来的。然而，短期应试出来的人，却不能和真实的水平画等号。

就像新东方和沪江网英语学习热潮并没有让传统的英语教师失业一样，面对应试的英语永远不会消亡，但面对莎士比亚的英语会有更持久的生命力，不仅是英语，这还是传统教育的机会和出路。

2. 蓝翔模式与回归现实的技能教育

美国的教育也曾走过了应试阶段和学校围绕考试的历史时期，在今天的美国高中，基本上高考和美国的中学毫无关系。

新东方应试模式剥离教育之后，技能训练的蓝翔模式继续剥离学校教育。

当标准化的高考制度筛选的人进入大学，经过 4 年的训练和学习进入社会的时候，这些毕业生突然发现毕业的薪水要远远低于农民工和保姆。这并不是一个奇特的现象，因为发生了劳动力的逆转，紧缺的是技能型人才。

然而对技能型人才的培养和培养体系也是令人担忧的。中国的中职和高职的职业学校，其师资来源并不是社会的工匠，因此培养的人基本不太"好使"。哪里有市场，哪里就有机会，蓝翔模式应运而生。蓝翔模式针对那些连职业学校也考不上的学生，去训练他们几十年上百年也不变的技能：厨师、挖掘机、保安、打群架。客观地说，蓝翔模式的培养效率要比职业学校好。

我不断地在很多职业学校谈到，岗前训练不是大学也不是职业学校的培养目标。这是因为我们要培养的人必经是可以应对未来 10 年、20 年、30 年变化的人才。未来的岗位会发生巨大的变化，学校要面对未来，将岗前培训交给蓝翔这样的学校，围绕几十年后的基本技能培养职业学校的适应未来的能力，要重要得多。

3. 从工位课堂到创客空间，教育体验到底发生了什么？

那么，既然知识走向云端，技能回到现实，一个被新东方和沪江替代，一个被蓝翔替代，我们的学校——中小学、大学、职业院校还剩下什么呢？还有什么要干的呢？

教育，无非是完成信息传达。近些年的生命科学的进展揭示了很多我们过去无法解释的问题：一般意义上讲为什么女生的短期记忆力比男生强、为什么男生的创造力又比女生强、为什么沉浸学习效果更好、为什么深度学习和浅学习效果完全不一样，等等，由此还发明了很多实用的信息技术，如沉浸眼镜、现实增强、深度学习、体验空间，等等。随着脑科学的进步，人们越来越揭示出体验对于学习的作用，越来越多的证据也证实纯记忆和考试无论对于筛选人还是培养人都有巨大的缺失。杜威的"教育即生活、学校即社会"不仅仅是一种教育理念，还有更多的生理学证据。在信息化支撑的教育环境中，体验这件事是传统学校逆袭的最后机会。

学校是现实社会的真实映射，孔子时代、柏拉图时代、杜威时代、苏联大规模工业化时代、信息技术时代，教室的形态其实是滞后于时代的教育形制，然而教育是为未来培养人的，这就产生了一个巨大的矛盾。如今的班级、课桌、铃声、教案、纪律要求，是 50 年前工业化时代培养会规划、懂技术、守纪律、懂规则人才的产物，而今后的学生要面对的是办公室代替工厂、松散组织代替等级组织、创新代替标准化的世界，教室的形态会发生变化，而这种变化其实就是顺应时代特征的学生的体验。

三、一亿注册用户，沪江将颠覆什么？回归什么？

1. 技术越进步，教师会被淘汰吗？

沪江网的创始人伏彩瑞在一次演讲中说："魏忠老师说教育正在进行一场静悄悄的革命，我说静悄悄也可以，但那只是点燃革命的火种。星星之火能燎原。但要大的变革，没有声音、没有声量、没有动静怎么能行？我很想告诉大家，沪江一定是冲在最前面的那个。"2014 年我在沪江网有一个讲座——教育正悄悄发生一场革命，那也是我的新书《教育正悄悄发生一场革命》刚刚发行，沪江网千名员工人手一本，从那个时候起，沪江不仅关注学习，也关注教育。

然而，在线课程真的会革掉传统教师的命吗？答案是否定的。人类的历史上，教育是为了解决信息传递和个性化指导双重任务，但是由于资源和经费问题，一直以信息传递为主个性化指导为辅，而真正好的教育主要解决的是个性化指导问题。在线教育能解决部分甚至全部的信息传递问题，但个性化指导和体验，却是教师的天职和最擅长的。

教师的困惑很多，但最大的不快乐之源在于重复性的和无创新的工作，在信息化替代部分教师功能之后，这种情况会得到改善，正如电脑代替粉笔之后，教师重要的授课从板书转向解释一样。

那么，为什么 20 多年前就已经出现了电化教育，直到今天才开始教育的革命呢？那是因为，传统的电化教育只能解决单向沟通和信息传递的问题，而在线课程能够解决双向和社交网络学习的问题，互动性增强，便迎来新一轮在线学习的热潮。然而，即使这样，解决了信息双向传递的问题，还解决不了个性化辅导的全部问题，即使解决个性化一对一的网络辅导，但人是一种复杂的情感动物，很多生物学揭示的任何人之间的默契和体验，是网络空间不能完全取代的。教育是深阅读，而网络学习一般情况下是浅阅读。学校只有顺应甚至抛弃由于社交媒体进步而冲击传统教育的"浅阅读模式"，让位于网络，专心致志于本应擅长的"深学习模式"，方为教育正途。

2. 教师在学生不同阶段的重点

教育和学习有着本质的区别。普鲁士国王威廉三世曾对从拿破仑占领下的哈勒大学逃出来的教授们讲道："这个国家必须用它精神上的力量来弥补它物质上的损失。正是因为贫穷，所以要办教育。我还从未听说过一个国家是因为办教育而办穷了的，办亡国了的。教育不仅不会使国家贫穷，恰恰相反，教育是摆脱贫困的最好手段！"教育改革为普鲁士迟到的工业化飞速发展奠定了雄厚的科学技术人才基础，成为普鲁士重新崛起的动力。今天，谁都不能否认，教育是具有强制性、标准型、代表国家意志的、面对未来的学习管理行为，这点和学习有本质不同。学习可以是轻松自由的、随时随地的和自我的，而教育行为是组织行为、有一定标准和底线的、带有强制性的。

对于不同阶段的强制性，教师在学生的教育中的作用是完全不同的。对于初中以下的学生，西方国家基本一致的看法是以养为主，形成学生良好的社会规范、行为习惯、学习习惯，发掘学生的天性，教师在此期间更多的是监护人、天性使者、基本知识传递者的角色。到了高中阶段，教师开始成为导师——知识的引导者、考核者。对于大学和研究生阶段，成年人的学习有一个假设前提是成年人为自己负责，教师更多地发挥导师的作用。教师的辅导学习和学校的支持学习开始分离，大量的学校行为——在线课程、资源库、MOOCs 等配合教师教学组长的个性化、小班化的讲座和作业任务系统，教师的作用通过互联网会有更大的提升。对于大学生来讲，教师的辅导未必重要，因为这个时候的网络查询已经变得很容易了，教师自己做科研的方式、学问以及严谨性，会对学生产生最深刻的影响。

由于教师在不同阶段的教育作用不一样，因此，不能泛泛而谈教师会不会失业。信息技术的冲击是必然的，原先做信息技术能做的重复性事情的教师受到的挑战要大，而具有核心竞争能力、学习能力和适应能力的教师，在教育回归核心功能时，会更加重要。随着信息技术的总体发展，从整个社会来讲，需要更少的直接劳动力，需要更多的服务业和体验经济，教师只会越来越多、比例越来越大。

各种各样的教育看法都不是凭空而来，人类教育的知识、技能、体验，需要越来越多的教育工程师去重构，去深化，去整合。世界因为不同而精彩，教育因为智慧而跃升。学习正在进行一场轰轰烈烈的革命，教育正进行一场悄悄的革命。

四、教育革命，会不会革掉教育技术的命？

1. 在线教育投资热潮，是否又是一场炒作？

市场是最聪明的，大家看到无论是美国还是中国，在线教育所引发的教育信息化的创业投资浪潮非常凶猛。2014 年 11 月，百度公司刚刚给沪江网投入了 1 亿美金，2015 年 11 月，沪江网又得到 10 亿的 D 轮投资；2015 年初，刚刚上市不久的全通教育，成为沪深第一牛股。2015 年的股票市场，几乎最高的 PE 就是教育技术公司。

市场对教育技术的投入不是没有道理的。全国高等教育每年的实验仪器和信息化投入高达 1000 亿以上，其中信息化达 100 亿左右，基础教育更是一块大的蛋糕。信息化的作用在于解放，凡是有排队的地方就有信息化。信息化的本质是解决排队问题。为什么不同程度的孩子都要在大课上排着队、睡着觉去听课堂教师的"专家门诊"？课堂和大学的本质是一个物流系统，那么信息化如何解放被捆住手脚的物流园区呢？

除了市场集中度的机会，投资者看到的更多的是教育资源的极大浪费。在目前的各行各业中，很少有像教育机构这样浪费严重的：教室在排队，中国的教室使用率远远低于美国；学生在排队，每堂课中中国的教室睡觉的、程度参差不齐的大课中听老师在照本宣科；教师在排队，中国中小学教师的每周授课量只是美国的 3/5，但是班级规模却是美国的 2~3 倍；仪器设备、实验室在排队，中国学生每周在实验室的时间远远少于美国学生；作业在排队，中国大学生的作业量平均少于美国 5 倍。以上这些是通过信息化的手段，通过课程系统、考试系统、教务系统、实验系统、物联系统客观地得到的准确数据。而以上所带来的产业和产业规模，以中国 2 亿学生、1000 万教师、3000 所大学来计算，是一个天文数字。

2. 微课大赛是不是一种折腾？

10 年前，我在上海的很多实验室试点，在实操性很高的化学、生物、食品、护理等专业学生的工作台上安装触摸屏和电脑，解决学生过多看不到老师示教的问题，将教师的示教直播或者录播，截成每段 8 分钟的视频，后来在显示屏不方便的地方直接使用二维码，这就是今天流行的微课。微课这种东西，只在中国的教育界非常流行。我女儿在美国的学校，教师考核学生知识点的掌握情况，倒是让学生总结微课。如今，微课大赛遍地，似乎跟 20 年前的 PPT 大赛一样流行，似乎这就是教师的基本功了。事实上，指望学生在公交车上看微课学习是天方夜谈。

3. 教育技术是与技术越来越近，还是与教育越来越近？

事实上，不光微课，目前出现的许多教育形式：在线教育、物联网、数据行为分析、云等，在计算机行业，早已经不是新鲜的技术。与目前在线教育的热潮形成鲜明对比的是，教育技术专业的就业每况愈下，很多大学关掉了这个专业。无独有偶的是，最近三年的教育信息化浪潮，鲜有是真正搞教育技术出身的人发声的。

教育技术，更像教育还是更像技术？这是一个问题。信息技术的飞速发展，教育技术从整体上是跟不上的，从趋势上是和计算机更加融合，教育专用的设备越来越边缘化和被替代。今天，绝大多数原先的大学、教育局的教育技术中心，成了老弱病残和技术落后的代名词，因此未来，教育技术不成为一个专业也会成为必然。

在与计算机越来越融合、技术与教育深度融合后，需要更加懂教育的人来进行教育信息化的规划。从美国的趋势来看，越来越多的大学 CIO 是业务口出来的管理人员，而不是技术口出来的工程师。

五、未来校园，信息空间

1. 课堂信息化，还是生活化？

一个有趣的现象就是，一方面很多中小学为了保证正常的教育秩序，严禁手机进课堂和实验室，有些学校在上课期间还关掉无线网络。而另外一方面，在传统的教室里面，很多厂商驱动的智慧教室却极其风行，还美其名曰智慧教室。如果从单纯的课堂来说，随着小班制、走班制和学科教室、整合课程的发展，课堂内部的信息化事实上即使在美国也是一个难题。这是因为一是技术不成熟，小班化后更加生活化的班级需要的是真实的生活场景而不是技术的主宰。之所以我们老师经常说现在的学生难教了、不好了，是我们的老师过时了。其实教师过时一点没有什么，关键是做教师的到底能留给学生什么样的 10 年、20 年乃至 30 年值得拥有的"改造世界的信息模板"？

课堂生活化并不是课堂不需要信息技术，而是课堂更加接近未来的办公室、未来社会的形态。学校是学生改变世界的信息模板，学生要学会与现代通信工具打交道、和谐共处。在高中阶段被禁止的手机和游戏，到了大学阶段会被很多学生报复性使用，反而有害。

2. 教育即将成为一种实证科学，又将成为一种体验艺术

大数据时代的来临，事实上是对过去那种简单化地用数字考核办法的修正，是将更多的教育变量考虑进原本就应该考虑的教育之中。我们眼中见的、耳中听的、皮肤接触的、五官所能感受的都是信息，如果都能用技术收集的

话，这种全息的信息大数据，是能够更加准确反映教育全貌的。信息技术的发展给了我们这种可能：云、大数据、物联网、生命信息等的发展给教育工作者一架云梯。生物科学所揭示的各种感应的过程数据，再加上学生本身的基底的不同，构成了学习和教育的变量，用各种先进的仪器收集这些变量，教育将越来越变成一门实证科学。

从情怀走出的教育，并不是变得生硬的教育，反而是解放了教师和学生后可以更加接近大自然，接近生态，更加符合体验和人的感官。从国际教育发展趋势来看也是如此，越来越科学化的同时，伴随着而来的是越来越人性化。

3. 未来教育，从互联网＋到物联网＋

未来的教育，到底什么是最终形态，从技术的角度也许永远无法预测。云和互联网最大的变化就是人人相连，然而教育是一种体验，必须完成人物相连和物物相连，从互联网＋到物联网＋，是目前能够想到的下一轮的未来教育的走向。从形态来讲，实验室更符合杜威所说的教育的实用主义思想。事实上，将教室与实验室分隔开来，只是过去50年教育的现状。互联网的教育数据，很难说是真正的大数据，而实验室、学科教室、创客空间及其背后的信息化支撑，可以构成一个真正的大数据，即一个学生去哪些实验室、用什么手段、如何进去、学了什么、行为如何、结果如何、如何考勤、刷卡、门禁、预约、开放、共享，如何进行学习和实验、研究，背后需要几十个系统的对接、多个相关部门的配合，一旦这些数据建立起来，将是一个崭新的时代。更重要的是，在物联网＋的基础上构建的数据科学平台，将优化原有的冷冰冰的实验室的体验，而成为有温度的实验室、有温度的学习、有温度的研究。

变革 - 4

创造的思维半径

一尺剑门锁天关，
百战无军过此山。
金牛偷渡占蜀地，
青羊自古是良田。
隔绝方成才人胆，
连通能会各路仙。
豪杰草莽一棋盘，
亲情白骨付笑谈。
正人都憾傻刘禅，
呆儿谁笑司马炎。
社稷江山茶后闲，
天府一夜已千年。

—— 2015 年于剑阁

　　"蜀道"与"难",信息的联
通和封闭的矛盾,这恰恰是使川
人富有创造力和才气的原因。

爱迪生的"掏粪工"
——碎片的创客，结构化的教育

1876 年初，托马斯·爱迪生的第二个孩子出生，工厂恶劣的环境实在不适合养育孩子，于是爱迪生把家搬到了门罗公园。在那里，爱迪生将自己的创客变成了创客团队。在之后的 6 年，爱迪生有 400 项伟大的发明。但不为人知的是，其实绝大多数发明并不是爱迪生的，而是爱迪生背后的创客们的，爱迪生所说的发明电灯做了 1000 次、6000 次、10000 次实验的说法，也都是天才营销员的营销手段而已。大家熟知"天才是 1% 的灵感，加 99% 的汗水"，所不知道的是，只有 1% 的灵感是来自爱迪生，而 99% 的汗水来自他背后的创客团队。

爱迪生的创客团队也与众不同，他把这些背后的人称为"MUCKER"，英译是"清除垃圾的人"，我戏谑地将之翻译成"掏粪工"。这些人全部选自刚刚毕业的学生——工程师、机械师、物理学家，爱迪生要求他们将将来的人生献给公司——每周工作 6 天，共计 55 个小时，随时在爱迪生有灵感的开始工作。有灵感的爱迪生获得的回报是一个百年的公司——通用电气，而勤奋的创客"掏粪工"获得的是普通工人的工资。

爱迪生和他的 MUCKER 们

1876 年，爱迪生时代的"MUCKER"与今天的创客"MEKER"在拼写上很像，但如果不进行深思，今天的创客们很可能重蹈爱迪生时代"掏粪工"的命运。

1876 年到 1882 年，这些"掏粪工"在创客空间的二楼夜以继日地工作，爱迪生则在一楼不停地接待客户、科学家，以及全世界来参观的人，时而萌发创意，等客人走后便去告诉楼上的"掏粪工"，让他们继续夜以继日地工作。

创客是结构化的，"掏粪工"是碎片化的。如果仅仅是碎片化地学习和制造，今天各种大众创客空间和学校创客课程中的学生们是成不了爱迪生，也成不了乔布斯的，他们很可能只能是 MUCKERs，因为他们的知识、技能和体验完全是碎片化的。

1854 年，爱迪生出生在美国俄亥俄州的米兰镇。他出生的时候，米兰镇是美国最著名且最繁忙的航运交通要道和小麦货场，爱迪生的爸爸是木匠兼房屋修建商人，爱迪生的母亲是富有经验的教师，艺术与技术的结合再加上经济的繁荣，爱迪生童年接受的是创造力的精英教育。但是在爱迪生 7 岁那年，由于美国伊利湖铁路的修建，米兰镇失去了物流中心的地位，父亲的商业也随之破产，爱迪生一家搬到了另外一个与原先比小太多的城镇的郊区，和一个差很多的学校，在那里，发生了后来大家熟知的爱迪生受到歧视的故事。只不过爱迪生的妈妈移民后在一所女子学校任教（若不是女校，爱迪生应该会转到这所学校的），辍学后的爱迪生是在妈妈的教育下成才的。另外，爱迪生首先用 2 年时间学习了文学、艺术和文艺复兴时代的名著，然后开始读哲学著作，再后来在妈妈的指导下阅读科学著作、工程著作，当书上的知识不再能满足爱迪生的时候，爱迪生开始做实验。

碎片化的教育告诉我们爱迪生小时候很笨，碎片化的知识告诉我们爱迪生说天才来自汗水，碎片化的知识告诉我们妈妈可以自己教辍学的孩子，碎片化的知识告诉我们爱迪生傻到蹲在鸡蛋上孵鸡苗。今天看来，如果你的孩子也孵鸡苗将会被学校开除，你的孩子不去学校回家跟着你自学，那他十有八九成不了爱迪生，也成不了"掏粪工"。

对比爱迪生，结构化的乔布斯早年接受的教育并不是碎片化的。

1955 年出生的乔布斯的经历也不是我们熟知的创客类型——父亲是机械技师的乔布斯，从小便被父亲带领学习机械和电子；乔布斯喜欢游泳，乔布斯的养母便让乔布斯接受专业的训练；当乔布斯显出聪明才智后，养父母把家搬到惠普公司旁边，做邻居：一方面让乔布斯有更多机会去动手，另一方面让乔布斯可以上更好的高中。而在高中，乔布斯认识了几个至关重要的人。

如果我们还原爱迪生和乔布斯的人生规律和创客规律，除了可以总结出他们都从小接受动手、创新训练以及培养兴趣外，更重要的是，他们所受的结构化的教育是能够支撑他们创新的。而我所担心的是，目前将创客与创客教育混为一谈的创客浪潮。

那么，创客教育如何结构化地支持创新人才的非结构化特点呢？当今的创客，又该如何避免陷入"掏粪工"的境遇呢？

创客教育与创客不同。当我们说一个创客的时候，即指任何一个制作或发明。最明显的是央视十套中那些民间发明家所做的农具、机械、农业革新、家庭革新等。虽然这些民间的革新非常有趣也很有用，但是他们中没有一个人能成为爱迪生，也没有一项革新能够普及推广，归根结底在于他们缺少结构化的训练。这种结构化的训练，在传统的学校教育中并不缺乏，只是将结构化的知识割裂了。

STEM教育事实上是创客的升级版，STEM或者说STEAM，所包含的科学、技术、工程、艺术和数学，结构化地改进了创客中浅层次的创新，将创客中的深层次学科结构化地表达出来。无论是爱迪生的童年还是乔布斯所受到的教育，从STEAM角度看，都是相当结构化且完美的，并具备《我爱发明》节目中民间科学家碎片化和偶发性的特点。

然而，STEAM教育还不是创客教育的全部。传统的工科男和艺术女，尽管成绩很好，但具有创新精神的并不多，随着年龄的增长，创造力丧失，好成绩反而成为固执和古板的代名词。那么，创客教育在人的童年时期有什么特点呢？

非常多的书籍写到著名的科学家和发明家的时候，都会谈到他们的童年，都会提到以下几点：小时候某个偶然的情况引发了对某方面知识的极大兴趣；遇到过一个具有核心能力却违反常规的导师；接受过严格的科学、工程训练或者身边具有这样的环境；在未成年的时候接受某种只有未成年能够学会的动手技能；年少时就受到来自父母和周遭环境的很特别的艺术、文学和哲学影响。

总结下来，在创客教育中以下内容是不可缺少的。

- 教育之真：必须具备相关学科基本的严格训练，例如物理、化学、生物、地理、历史、文学、哲学的教育，这些教育起点要高，时间要早，会打下终身的童子功。
- 教育之趣：从小接受动手能力很强的训练，例如机械、玩具、拆装、电力、电子、软件、棋牌，这些训练在成年以后再进行就晚了。
- 教育之美：从小接受文学、诗歌、建筑、绘画、艺术、舞蹈等的训练，以及博物馆、美术馆、风景区等的熏陶。

以上几点，难在对度的把握和个性化的培养上。传统的学校为了培养未来需要的人才，以上各点都或多或少涉及，但由于进行的是填鸭似的教育，没有个性化、针对性，也难以培养出创新人才。

创客是碎片化的，教育是结构化的，教育的改进总是落后于时代的发展，这也是为什么学校培养的人总是被社会诟病，所以创新人才大多不是学校能够培养出来的。

教育如果想适应创造力社会，就要在理念上适度超前、在结构上相对稳定。在我看来，以下几点是非常重要的抓手：

知识。什么是未来十年所需要的知识？知识的半衰期变得越来越短，然而还是有规律可循的。很多学校赶时髦，学很多创客知识，我认为这很危险。知识随时可以学习，然而十年以后不变而又能够适应未来社会的知识，才是学校结构化中应该重点强化的。数学、物理、化学、语文、外语、地理、历史等都很重要，但未来社会的要求会更加宽广，"副科"将走向前台。

技能。音乐、美术、体育、劳动、棋牌、科学，相比起知识，人由肌肉记忆且作为基础的技能能够保持更长的时间，有些甚至能够终身保留。但我们的学校教育所教的技能与培训是碎片化的，而碎片化的技能并不能让孩子们终身受益。例如，学校里面不教乐理，不教审美，不教棋理，不教科学的思维模式，不教坐姿，这样，他们也许一辈子也不会掌握看似通俗却极为重要的东西。这些原本应该由学校来承担，但学校却几乎忘记了自己的职责和教育重点。

体验。乔布斯从小可以见到惠普公司及其创始人，高中的时候就能用到世界上最先进的计算机。这些启示我们，机器先进与否不重要，但需要给孩子对未来世界新鲜的体验。体验这种东西三十年甚至终身都不会忘记，因此洗手间中有手纸、校园环境温馨、教室配有空调，这些不仅仅是物质环境，更是精神载体。

有了以上教育之真、教育之趣和教育之美的基本架构，再加上知识、技能、体验的基本规则，我们才能够设计未来的创新支撑，融合学校的学科，变创客热度为创客教育。

　　我认识一些教育工作者，他们虽然热衷教育并且宣扬教育主张，但他们自己却没有良好的教育背景，热衷于传播一些碎片化的西方教育主张，也试图让他们自己的孩子在家读书。他们曾征求我的意见，我回答："爱迪生的妈妈是一个富有经验的教师，因此培养出了爱迪生，如果不是这样，很可能只会培养出一个街头混混。"

呵护教育的想象力半径

　　1912 年，诺贝尔奖委员会将诺贝尔物理学奖授予尼古拉·特斯拉和爱迪生这对冤家，两人都拒绝接受。当年因为爱迪生的食言，特斯拉不仅离开了爱迪生，也终结了爱迪生的创客经营模式。小看了特斯拉的爱迪生为此付出了惨重的代价，不仅仅失去了交流电，也失去了诺贝尔奖，因为诺贝尔奖委员会认为，如果特斯拉不得奖，爱迪生就没有资格。尽管爱迪生动用通用电气的所有力量去获奖，但特斯拉拒绝了 11 次诺贝尔奖的做法，也终结了爱迪生得奖的可能。

1902 年，特斯拉在费城进行无线电话实验。

比起爱迪生超过千项的发明，特斯拉的数百项发明显然更有技术含量：拍摄了世界第一张 X 射线照片，发明了第一台无线控机器、发动机火花塞、霓虹灯，等等。同时，他还预言：未来人类将用天线接收太阳能，通过电能控制天气变化，所有国家都将纳入全球广播系统（有人说这是互联网模型）。交流电、无线电及理论物理上的建树，使得后面数十位诺贝尔奖获得者因此获益。

特斯拉出生于一个宗教家庭，父亲是东正教牧师，外公是东正教神父，母亲心灵手巧，擅长制作大量"创客作品"。尽管特斯拉在青春期与家庭关系并不融洽，父母希望他做牧师，他却希望从事电器工程，但是从他后来的人生轨迹来看，无疑家庭对他的影响是决定性的。成功以后的特斯拉，热衷于精神追求，热衷慈善和扶贫，放弃大量核心的技术专利，甚至隐居贫困致死，这都和他少年时期受到的浓厚的宗教氛围相关，而他母亲的技能天赋与他孩提时代的动手机缘，也成为他日后成为最伟大的发明家的教育种子。可以说，特斯拉的哲理、伦理、事理、物理的想象力半径，是在童年打下来的，童年的教育半径有多大，成年后的想象力半径就有多大。

谈到自己儿童时期的想象力的时候，特斯拉回忆："忽然，我开始摆脱我所熟知的小天地的束缚，本能地开始我的思维旅行，看到了从未见过的新景象。刚开始，我只能看到一些模糊的无法辨认的影像，当我努力集中注意力在它们身上时，它们飞快地从眼前闪过。但是，渐渐地，我能把这些图像固定下来，它们变得清晰可辨并最终呈现出真实事物的具体细节来。不久我就发现跟着自己的想象纵横驰骋最舒服不过了。于是我开始旅行——当然是在大脑里。每个晚上（有时甚至白天），当我独自一人时，我就开始自己的旅程，看见不同的地方、城市、国家，有时定居下来，遇到不同的人，互相了解并交起了朋友。然而，令人难以置信的是，他们对我真诚而友好，就像在真实生活中一样。他们所有人都生活悠闲，与世无争。这样一直持续到我十七岁，从那时起我开始全身心地投入到发明创造中去，我只不过是一个被赋予了运动、情感和思想的宇宙力机器。"

在追溯具有创新精神的创客们的发展历程时，会发现他们的童年都有一段不同常人的科学、技术、工程、艺术、哲学方面综合的背景高度和经历。有些人的家庭有这些综合的背景，有些人的生活环境有这些条件，有些人的人生恰巧有这些经历，还有些人碰到了或与众不同或格格不入的人生导师。今天看来，这些条件就是我们说的STEAM教育的重要因素。

STEAM中之所以加入了A（Art艺术），就是由于仅仅有工程是不能解决想象力的问题，而艺术的"空筐结构"恰恰弥补了这个不足。今天我们的孩子读李白的诗歌，不仅仅是受文学的熏陶，等到孩子长大后如果碰到李白去过的地方，能脱口而出李白的诗歌，会让这种想象力从李白那里空灵地转移到背诗的人的大脑中，这种前世似乎见过的眼前景象，是自儿童起埋下的种子在人生阅历中不断发芽成长的结果。而儿童时代的教育半径，决定了一个人在成年后想象力的半径，少年时想象力飞得多高，成年后成就的距离就滑翔得有多远。科学、技术、工程、艺术、数学所构成的体系，越来越被认为是全世界教育评价的共同指标。STEAM是种子，也是高度。

2009年我带学生到呼和浩特参赛，参观昭君墓的时候，看到了王昭君的水银镜、红木梳妆台和椅子。红木到了明朝才到达中原，而椅子这种东西直

昭君墓里的这个场景，想象力太过丰富的现代人犯了三个致命的错误。

王昭君时代，这匹战马也穿越了好几百年。

到唐宋时才流行于中国，最早的椅子现在可考的来自敦煌的壁画。为什么椅子这种简单实用的东西当时没有发明呢？那是因为，从胡床到椅子，人类这一层想象力的窗户纸至少走了1000年。不仅椅子，马鞍、马蹄铁等也都很晚才出现，相比起秦始皇时期就出现的难度很高的工业技术，晚几百年出现的这些东西，不是因为技术，而是因为想象力。大自然没有的东西，不会因为很简单，人类就会想象出来，科学、技术、工程、数学的东西，必须在前人思想的种子基础上才能发芽。比如自行车的出现非常晚，人类根本想象不出两个轮子能走的机器，人类从四个轮子走向两个轮子竟然也用了几千年。

特斯拉在人生的最后几十年，致力于无线电力的传输，并且以悲情结束。然而特斯拉天才的想象力加上他在能源方面的不断努力，留下的手稿以及精神的种子，给另外一批人画了一个想象力很大的半径。60年后，几个年轻的创始人得到了数百万美金的资助，想起特斯拉能源这件事，特斯拉发明的种子在创始人马斯克头脑中发芽，于是大家命名这家新能源汽车为"特斯拉"。2016年4月9日，马斯克的公司又成功地从海洋上回收火箭，将"世界"远远抛在身后。马斯克，这位10岁开始编程、12岁编制游戏的天才少年，不仅用实力证明了少年时期种子的重要性，更证明且验证了少年时代哪种种子重要：马斯克

得到尼古拉·特斯拉灵魂真传的马斯克不仅创立了特斯拉公司，还成立公司把火箭成功回收。

的爸爸是电器工程师，妈妈是时装设计师兼模特。

用与马斯克一同创立 PayPal 的彼得·蒂尔的话："你不认为美国现在的工程训练太晚了吗？学校实在太需要一场颠覆了！"

科学使人严密，技术使人务实，工程让人协作，数学使人拥有逻辑，艺术带给孩子最多的就是想象力。如果教师面对未来的科技束手无策，没有把握教会孩子们适应未来的知识、技能和体验，那么教师能够有所作为的，更多的在于，用创客思维来改变教育，呵护好教育的想象力的半径。

对峙传统教育的黑帮式创客教育

彼得·蒂尔、迈克斯·莱文、Reid Hoffman、马斯克、Roelof Botha、Jeremy Stoppelman、陈士骏、Chad Hurley、Keith Rabois、David Sacks、Dave McClure，如果提到以上的人名你感到陌生的话，他们鼎鼎大名的公司你也许会较为熟悉：Yelp、LinkedIn、Facebook、Digg、Aviary、SpaceX、Telsa、Yammer、Youtube、Meebo、Delicious、Square、Tokbox、Xoom、Geni、Room、9 Entertainment、Slide、Uber、Simply Hired、Twilio、Wildfire、MakerBot、SendGrid、Credit、Karma、Interactive、Stratasys，没有以上这些公司，硅谷应该改名了，而每年的硅谷新闻基本都被这些人占据了。这 11 个人定期不定期

硅谷黑帮

地开会或聚会，只因为他们曾经创立过一家公司叫 PayPal，卖掉后形成了一个足以影响美国走向的，如当年中国山西商人"晋商俱乐部"的 PayPal 黑帮。

说他们是黑帮是有理由的。这些人基本上都是退学生，性格张扬，桀骜不驯，从小便入行当学徒，夜以继日地工作，举止怪异且多数来自美国以外，他们嘲笑博士，轻视学历，依靠人情和内部纪律管理公司，注重实用，重用年轻人，鄙视权威，更可怕的是，他们中将近半数的人，在高中时代都是麻烦人物，有人竟然制作过炸弹！

如果我们对这些人的背景再深入了解一些便会发现，与传统黑帮不同的是，这些人基本上都有很好的家庭背景，从小受到良好的创造训练：有工程师父亲以及身为艺术家的母亲，他们从小会编程，智商极高，辍学创业，团队精神极强，非常重视数学和工程训练，生活简朴不把高消费当一回事。

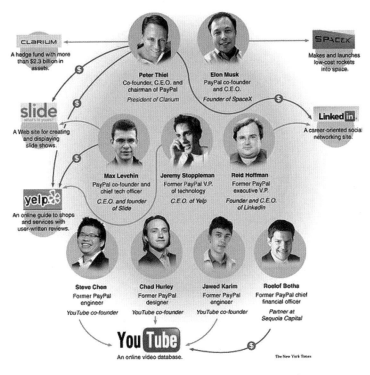

Paybal 黑帮们的科技王国

从教育学还原这些人的成长之路，我们还会发现，在教育学上，黑帮们走了一条完全不同于传统教育学的创客教育模式：从小进入编程世界、不以应试为中心、根据兴趣夜以继日地学会一种技能、训练强度极大、数学极好、父母往往具有工程师和艺术家双重背景、懂多国语言。

我们一般认为，快乐教育、顺从天性、平常心等是现代教育的真传，然而，这些创客似乎颠覆了以上这些中国教育还没有学会的东西，直接进入到黑帮教育 2.0。

当一些基本的教育规律适合多数平常人的时候，这些绝顶精英提示我们，也许正常公民的培养靠的是类似政府运行的常规机制，而天才的培养需要黑帮机制才行。其领军人物 PayPal 创始人彼得·蒂尔还专门成立过一个基金，资助那些具有创新精神的大学生，前提是他们必须辍学。

我们理性地回顾也会发现，中国的大学体系似乎也只能培养一些通用的人才，而专业性的顶级人才的批量生产，似乎"黑帮教育模式"更加适用。

与正规的教育体系相比，晋商的人才培养高度自闭、严密控制，已经产生了某种"黑社会化"倾向。它实在太不像一所学校，而更像一支秘密军队、一个地下帮派。

- 靠仁义礼智信而不是专业性选拔人才。
- 靠某种明文或者隐含的文化系统控制群体的娱乐、生活、家庭，甚至兴趣爱好和思想。
- 不只有高压的手段，也有超出正规社团更加宽松和温暖的关怀。
- 黑社会有黑话，学术圈有术语，理论界有模型公式，票号里也有他们的暗号和密码。
- 需要长期、尽早甚至童工似的训练，这些训练不但不付工钱，甚至要收费。例如晋商在学徒期间，只管饭，不给钱，学徒期满后，一年工资是一二十两。起得比鸡早，干得比牛累，睡得比狗晚，赚的只是零头中的零头。
- 他们都在努力寻找特定类型的员工，标准是勇于竞争、知识渊博且掌握多种语言，还有更重要的一点是，要精通数学。

黑帮似的创客教育模式，虽然并不能适用于所有场景，更不适用于所有人，但是它对教育的冲击是巨大的，很多传统教育机构还是汲取了这种方式中的部分营养。其原因在于，黑帮似的学习弥补了传统教育的以下几个缺陷：

- 很多技能和学习是需要从小、适时学习的，例如计算机。但是传统的教育周期太长，多数天才的工程师和科学家错过了最佳学习窗口。
- 很多顶尖的技能和专才，需要突破人类的舒适区，用强烈的训练才能得到专业的体验，而传统的教育太注重儿童综合发展和同步发展，这些对于绝大多数人来说是对的，但对于天才来说是错的。
- 传统的教育用考试系统代替作品，这是适用于批量化的教育模式，并不适用于创造性人才的培养。
- 黑帮似教育更加个性化地培养人，甚至一对一、师傅带徒弟，对于人才的培养具有针对性。例如本文所谈到的团队，继承了在 PayPal 时期的文化：衡量一名员工地位的依据并不是他管理多少人，而是有多少人可以阻止他干自己想干的事情。
- 团队之间相互影响和共同促进，黑帮似学习更符合人类进化的规律。

不要再随意谈论快乐教育了，如果你的孩子是棵小草，你让他怎么长都行，但如果他是棵树，那么修剪就是必然的，否则，就不是教育。仅仅有想象力还不够，仅仅有诗和远方也不够，教育更是一种历练。

我所写的文章前后矛盾吗？有点，但事实就是这么回事，教育也充满了矛盾。

富养匠心，穷养形骸

2010 年，破产阴霾下的日本航空亏损 1800 亿日元，成为日本自第二次世界大战结束以来最大一宗非金融企业破产案。日本时任首相希望京都陶瓷公司名誉董事、78 岁的稻盛和夫出场救火。出乎意料，这位已经功成名就，曾经亲手将两家企业打造成为世界 500 强、在家休养病体 13 年的稻盛和夫并没有推辞，以不收一分钱、不带一个人的勇气，一年半后让日航盈利，2 年后重新上市。

稻盛和夫 1959 年创立京瓷公司。我有一个学生在京瓷工作，他送我一把京瓷的陶瓷刀，做工精细，令我爱不释手，从工匠精神到陶瓷工艺再到陶瓷的电子产品核心部件，日本企业将工匠精神融入现代科技，其利润大大超越了传统企业。

首先谈一下稻盛和夫的穷与富。在青少年时代，穷困一直伴随稻盛和夫。稻盛和夫生长在一个穷苦的日本家庭，家中有 5 个孩子，从小要帮家里人做工；又曾碰到日本战败。然而，很多人所忽略的是稻盛和夫家人和师长对他的"富养"。稻盛和夫从小学习不好，又喜欢当领袖打架，虽有担当，但总到处惹事。然而，父亲总是在价值观上给他正面的鼓励，倾其家业支持儿子去追随自己的梦想。稻盛和夫的人生关键阶段遇到的老师，也都倾其能力和关系，帮助稻盛和夫去读好的学校、心爱的专业，找到符合自己的工作。然而，当稻盛和夫进入到一个很一般的企业，决定放弃投奔更好前程的时候，亲人们却都极为反对，稻盛和夫最后只能留在这个平凡的企业。稻盛和夫的哥哥说："在你最困难

明代故宫原图，皇家尊贵，才有中间将匠人画像画在中间的蒯祥更尊贵。

的时候，亲人们倾其所有为你找到了这个工作，然而当所有的大学生背叛企业的时候，我们不能支持你。"万般无奈的稻盛和夫顿悟，从此吃住都在这家企业，他以极其认真的态度开始了他精细陶瓷的事业。

中国自古有富养女儿的传统，一般认为是给予孩子物质上的满足。事实上这是对中华文化极大的误解。富养的原意是从小要培养气质、开阔视野、增加阅世能力、增强见识，这样"富养"的女孩，因见多识广、独立、有主见、有智慧，便清楚自己要的是什么，什么是真正值得追求的东西，等她到花一样的年龄时，就不易被各种浮世的繁华和虚荣诱惑。

培养工匠精神与养女儿一样，即使物质上贫困，也要给予精神上的极大富足。稻盛和夫的家乡鹿儿岛，是著名的日本武士道之乡。日本著名的武士西乡隆盛就是鹿儿岛人，人称"最后的武士"。鹿儿岛人、稻盛和夫的父兄、稻盛和夫自己都以西乡隆盛为荣，熏陶出了富养精神的匠心。自稻盛和夫懂事起，他的童年中，叔婶感染肺结核，多人病逝，然而父亲和哥哥从不避讳积极救助，却从不生病，这便在稻盛和夫幼小的心中种下了精神世界的种子。

有时候，富养不仅仅是指精神世界的富足，更需要和物质的配套组合起来才有作用。中国目前在推崇工匠精神，让孩子从小接受工匠精神的洗礼，这是非常好的。然而精神往往不是独立存在的，而是和物质载体共生的，适合的物质载体非常重要，也容易被忽略。大家可以发现，瑞士的工匠、阿玛尼的服饰、德国的产品……这些具有工匠精神的产品背后，都和皇室的采购标准和稳定的皇室奢侈品消费非常相关，而中国具有工匠精神的几个地方，与手工相关的工艺品、食品及非物质文化遗产地等，也都和"贡品"直接相关：苏州的红木、绣娘、古典建筑装饰业、武夷山的红茶、景德镇的陶瓷、绍兴的女儿红、扬州的包子、宜兴的紫砂、无锡的金砖，工匠精神的物质传承多数出自皇室及奢侈品的使用习惯。我们如果画一张世界奢侈品品牌地图，就会发现，这基本上是一张工匠精神地图。而如果我们比较客观地将持续的非物质遗产画成一张地图，基本上是贡品地图加皇帝的南巡地图。工匠精神的丧失，基本是由帝王之家奢侈品的没落所引发的。

在西方发达国家中，美国无疑是少有工匠精神的，大家若在美国待久了就会明白，美国的奢侈品文化并不发达。一般的好品牌在大商场买多数美国人去奥特莱斯买，即使波士顿的阿玛尼品牌店，其装潢标准比淮海路上的第二食品差甚远，在一个没有太高的价格弹性的地方，无人为奢侈品买单，形不成主流的奢侈品消费人群，工匠精神是难以为继的。

苏州的胥口，离伍子胥的墓不远处有另外一个墓——蒯祥的墓。蒯祥就是天安门的设计师和建筑师。蒯祥去世距今已经600余年，然而今天的蒯祥的家

乡胥口香山，仍然是中国古建筑工匠之乡，也是联合国非物质文化遗产的所在地，如今全国大部分的顶级古建筑的建筑的木雕、石器，仍然是香山帮的天下。自古苏州园林市场很大，香山帮工匠的衰落是趋势却还能坚持，然而另外一个辉煌了近300年的建筑工匠之家，却遗憾中断，那就是"样式雷"家族。由于清王朝的倒台，样式雷后代衰落，到最后将图纸卖掉后再也不见复苏。

比图纸更有价值的是工匠精神世界的传承方式。科技和工程起源不同，其精神诉求不同，培养路径也完全不同，这是很容易被教育工作者忽略的。科学精神讲究的是理性精神，而工匠文化却完全朝相反方向发展。工匠一般传男不传女，宗教意味浓厚：不仅行业都有祖师爷、烧香磕头、家规森严，每当有重大工程的时候，还有严格的仪式。具有工匠精神的人都基本有一个共识，那就是相信神灵般的感应。

稻盛和夫就是相信产品与人的精神世界可以实现天人感应的。稻盛和夫年轻时曾经"抱着产品睡"，随时带着放大镜在现场观察产品有无瑕疵，把产品当成孩子精心呵护。"仔细倾听机械哭泣的声音""将自己化身为机械、化身为产品"，达到"物心一如"的境界，由此而制造出完美无缺的产品。这种精神和文化，反映在京瓷就是精密的陶瓷工艺，反映在KDD是稻盛和夫的阿米巴管理方法，反映在日本航空是严丝合缝的成本管理。工匠靠精神在企业和行业间转换，稻盛和夫因此才能被称为经营之神。

如何看待工匠精神背后的"神叨叨"的东西？事实上，这些并非全部都是伪科学的东西。在主宰工匠精神的精神层面，几百年一个家族、一个群体聚集在一起，要想具有统一的思维，必然要靠一种大家都信奉的等级秩序和难违的规则增加进入门槛、淘汰不诚信和危险因素。一个大的工程充满了很多细节和系统脆弱点，被工程冲昏头脑的成功者，为避免大意，总是被家族和商帮的宗教般的仪式提醒去重视。而一个人在遇到事业的挫折和工程不顺的时候，精神的力量也是很强大的，只有具有一些工匠传承和情怀的人，才会悟到超越现实的想象力和创造力产生的真实过程，而我们所做的产品的好坏，从客观上映射了内心世界的和谐与否。

稻盛和夫说："一旦发疯地投入工作之中，对某个目标有强烈的渴望，就会在脑海里形成一个意象，身边的任何一个新发生都会坚定地指向那个意向，这时，神灵就会给你一把照亮前途的火炬，智慧之井就会向你洞开，当你竭尽全

2016 年 4 月中旬网友拍到的华为创始人任正非虹桥机场等出租的照片，其实这才是工匠精神的正常状态。

力时神灵将会现身。"

不仅如此，工匠背后的富养，还有着往往容易被忽视的科学的原理。古代工匠传男不传女，除了保密和知识产权因素外，保证基因学上男性性别显性基因一致性和可传承性，是很重要的。儿子长相像父亲，性格特点一部分像父亲，这种遗传基因可以通过Y染色体一代一代相传，因此雷氏家族传了200多年。而女儿有母亲一半的基因，女儿的女儿在基因科技的当代社会以前，根本无法看到属于祖父母、外祖父母的那一支。因此，同样的苏州，核雕红木艺人就能家族传序，而镇湖的绣娘群体就很难有百年家传。

坚持"愚直地、认真地、诚实地"工作的工匠精神，不仅仅需要精神生活的奢侈品熏陶、物质世界的价格弹性的熏陶，还需要一个更重要的东西，那就是保持工匠本色的1万小时、数万小时的持续动作不变形。工匠比起科学来说，更多的是和人的肌肉记忆力相关。俗话说"拳不离手、曲不离口"，一旦物质生活富足了，肌肉很容易萎缩，工匠的水平就会大打折扣。景德镇的瓷器、武夷山的大红袍、宜兴的紫砂、苏州的红木、苏州的园林、无锡的金砖、安徽的歙砚、苏州的核雕、日本的武士刀、瑞士的钟表匠，有的百年，有的千年，祖祖辈辈，每代人均收益很大，却能祖祖辈辈做工，其实难度是相当大的。如果富养是精神世界的养和物质世界的熏陶，那么能保持工匠传承的一个很重要的因素是保持对物质追求的平常心。稻盛和夫将两个世界500强企业的股票送给员工、蒯祥一辈子不坐轿子、晋商要求子弟"不准嫖娼、不准纳妾、不准赌博"，都是穷养形骸的重要举措。

2015年，上海科技城实验小学开学，徐瑛校长向我展示了学校一楼的衣食住行材的工匠博物馆，让人最惊讶的是，全部的鸡翅木的书架陈列在小学的课堂。这些苏州工匠的原作品和鸡翅木的富养，不仅是精神的也是物质的。每天早上我都经过这所学校，看到满满的车辆送孩子上学。我想，仅仅是富养还是不够的，比起日本公主自己奔跑上课，我们的家长，还应做些什么呢？

见血的兵与玩真的创客

先看一张图。下面这张图的蓝色部分，是东华大学计算机学院的乐嘉锦教授通过对东华大学的数据导入 HADOOP 和 HONEY，让学生处理的一个小 CASE。从图中可以看出，考上东华大学的人群中，9 月份出生的学生是一个高峰。东华大学是国内纺织服装类的"211 工程"高校，学生能考上这所学校，并不容易。全国第五次人口普查 2010 年的全国人口出生月度图，12 月是出生高峰，9 月出生的人几乎是最少的。可考上东华大学的学生偏偏集中在 9 月初，这证明什么呢？9 月份出生的孩子更聪明吗？

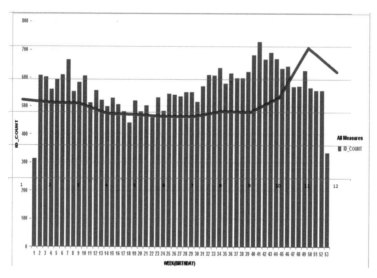

考上东华大学的学生，9 月份的聪明？还是更大一点？

当然不是，格拉德威尔在《异类》一书中就分析了大量冰球、篮球运动中的类似现象，发现由于年龄规则的原因，从青少年起，比同伴年龄大几个月的孩子，会优先得到老师的关照和机会，久而久之会造成超级巨星全部"压线"在规定月份的后面一个月。

用来解释考上东华大学的人群9月份出生汇集现象，就是由于8月31日出生是小学上学的期限，9月份出生的孩子在上学的时候会是最大的。就那么微小的差距，在统计学规律上，造成这些孩子由于较早接受老师的关照和各种机会，最终考上重点大学的比例要高得多。目前学校教育中的学生一般按照年龄来分班，别小看大几个月，影响是很大的。在经济学中，这叫 FIRST MOVER，领先一步，不得了。

1558年，久败不胜的戚继光恨透了不能打仗的浙江人，绍兴师爷还行，经商还行，但打起仗来，根本不是那块料。戚继光看到从小摇头晃脑和精明算计的浙江人就心中一沉。领先一步的经商和师爷，并不能让这些孩子在战场上得到半点便宜。不过，戚继光还是回到了浙江，发现义乌人比较彪悍。贫瘠的义乌商业不发达，山多地少，偏偏有一座山叫八保山，永康商人路过时误听成八宝山，再加上土质银灰，便断定此处有银，于是2000多永康人前来挖银，引起了义乌人的警觉。一场械斗卷入了几万人，经年不断，死伤数千。义乌人不但勇猛，还极具牺牲精神和优良的斗争传统，父亲伤了儿子替，哥哥残了弟弟上，就连被人打到剩一口气，抬到家就死的人，临死前还要留下一句遗言：孩子长大，接着打。在这种环境下长大的义乌人其打架水平自然高人一等。

戚继光大喜，于是前前后后从义乌共召集近3万兵士，此后所向披靡。再往后的故事更精彩，为了稳住数万义乌兵，明王朝允许义乌家属长期跟随，后来义乌兵北到长城、南到海防，义乌营寨周边到处是义乌村。义乌只有一种特产——红糖，义乌人长途跋涉探亲，也只能带红糖去边关的义乌村。剩下的红糖换成鸡毛背回去，做成羽绒再卖掉。由于义乌人在边关和义乌都有据点，"鸡毛换糖"的业务就持续了几百年。

再后来，义乌的红糖没了，纺织品却发达了，义乌人四海为家是因为四海有家，而义乌人后来更成就了国际小商品市场。

　　早一点见到了"血"，让义乌人成为今天的义乌人。与此类似，早一点玩到了真机器，让比尔·盖茨和保罗·艾伦成就了微软公司的神话。1968年，15岁的保罗·艾伦和13岁的比尔·盖茨在西雅图的镜湖中学相遇，这一年，惠普公司生产出第一台能够编程的多终端电脑，镜湖中学放了一个终端给学生用，从此两个小伙伴开始编程。先是在中学编，然后在同学爸爸的公司编，再到华盛顿大学编。

　　在华盛顿大学，两个小伙伴发现了学校计算机系统的漏洞，可以在凌晨3点到早上6点这一时段无限制地上网编程序。等两个人成立微软公司的时候，绝大多数计算机系的学生还没有开始上专业课，而"见过血"的比尔·盖茨和保罗·艾伦，已经有1万小时的编程经验了。除了保罗·艾伦的爸爸是华盛顿大学的以及比尔·盖茨的爸爸毕业于华盛顿大学这个因素，比尔·盖茨和保罗·艾伦之所以更愿意捐款给华盛顿大学，其原因在于，在他们学电脑编程初期，华盛顿大学让他们闻到了"血味"。

　　1万小时，是很多专业人才成为顶级专家的时间窗口。并不是每个有1万小时经验的人都能成为专家，但要想成为顶尖专家，你必须有1万小时的练习经验。成为专家，还需要有"刻意和超强度"练习的经历以及在适当的时间窗口。比如围棋学习要在10岁之前、舞蹈学习要在4岁之前、计算机学习要在15岁之前。训练时间不够、强度不够、时间窗口不对，让很多人错过了在专业上成为高手的可能。更重要的是，在同一跑线中，哪怕别人比你领先几个月，机会也不会留给没有见过真东西的人。试想一下，如果你是一个公司的经理，或者你是一个硕士生导师、博士生导师，你是更愿意把机会留给一个已经有基础，而稍加指点即可直接能干活的，还是给一个需要你耐心进行基础知识训练的孩子呢？

　　1967年，在美国硅谷山景城，惠普公司的创始人休伊特接到了一个自称是高中一年级学生的电话，说要完成一份电子作业，能否给他一些电子元器件，休伊特不仅满足了这个孩子的愿望，还安排了这个孩子来惠普公司拧螺丝钉的实习机会。早先一步的这个孩子，开始在小伙伴们中显摆，并开始通过内幕消息迅速找到惠普公司遗弃的废旧电子元器件，这一年，这个孩子与伙伴们

我有些恍惚，比尔·盖茨和保罗·艾伦捐的楼里站的两个年轻人，难道是年轻时的他们？

组成了一个电子元器件小组，并开始进入计算机行业。这个孩子叫乔布斯。

我本人在 IT 企业当高管 20 年，发现软件高手大多是在 15 岁前后学编程，而我们的大学计算机专业的学生进入专业学习往往要 20 岁了，这个时候，一些脱颖而出的人已经有 5 万小时的编程经验了。

目前，有非常多的学校开展创客教育，引进了非常多的机器人、四旋翼飞机、3D 打印机等。可是，老师不是创客，引进的设计师也不是创客，似乎编几行代码、驱动机器人、让孩子乐一乐就是创客课程了。事实上，如果我们还原创客的成功之路，以下非常重要的一些东西是我们忽视的，却是极端重要的。

- 学生从小使用的东西，一定是"带血腥味"的市场主流的真东西，而不是围绕教学的"教学系统"。
- 学生最早见到的老师，一定是具有创新精神的精神导师或者教练，而不是

"课程"。

● 一开始的训练强度，一定直接是主流社会需要的真实强度，而不仅仅是"激发兴趣"。

● 不一定好看，但绝不应回避和躲避创客中最基本的主流软件、代码、逻辑，更不应该围绕参观者而设计场景。

● 比赛很重要，但更重要的是孩子内心真正喜欢。

● 教学系统的设计者，一定是具有创新精神的人，不然形似而丢了魂。只有创新者知道创新者需要什么。

● 让学生形成社交网络完成他们自己的任务，而不是老师指导孩子完成一个区里、省里的创客比赛。

既然 1 万小时非常重要，既然训练强度非常重要，既然时间节点非常重要，那么，我们的大学，是不是应该让孩子更多地在实验室而不是在教室呢？苏州大学纳米科学技术学院，是国内综合纳米学院中的佼佼者，其本科生很少，每年只有 100 人不到的招生规模，但学院却非常重视对学生的培养。每年暑假只有两周的假期，平时研究生和本科生也多待在实验室。我有一次午夜 12 点去，那里仍灯火通明。最近，苏州大学纳米科学技术学院又提出新要求，用信息化手段记录学生的实验行为、时长。此类系统已经在全国做过几百例了，但苏州大学开始想的不仅是管理问题和教学统计问题，而是学生的实验时长问题。如果在这里的本科生经过了 2000 小时的实验训练，博士生经过了 10000 小时的实验，科研水平自然就上去了。即使没有发表论文，其学术质量却是有保证的。

我爱发明，至少要站在学长的肩膀上

这些年网络兴起，再加上工作繁忙，一般不再看电视，自从有了小女儿以后，每天晚上新闻节目正好是晚饭时间，就顺便看看电视。可是4岁的女儿总与我抢电视，这一看一发不可收，于是与小女一起看了一年的一档节目:《我爱发明》。孩子喜欢看发明，自然是我一个教育工作者乐意看到的事情，在美国的时候，美国的机械自动化水平让我叹为观止，今天的中国农村人力资源终于上升到很高水平，进入了机械发明的时代，然而随着时间的增加，我开始有了担忧：为什么美国的发明家都是来自家境很好的天才少年，例如父亲是工程师，母亲是艺术家。而节目中中国的发明者为什么都集中在40岁以上且家境贫寒的农民呢？为什么中国热衷发明的都来自非中心的地级呢？而所发明的东西，又为什么是那些看得见的机械类的东西，事实上却是我30年前大学学机械制图时代的产物呢？如果再看下去，女儿的头脑中是否能积累真正的发明的种子呢？

继续看下去，我有更大的发现：这些发明，基本上用不到高中以上的理论知识，且基本上没有传承，不成体系。节目中，一般情况下有一个来自大城市的教授进行评价，而发明过程中，发明者也都是自己琢磨，甚至没有一个发明者去查一下专利和国内外文献。问题出在哪里呢？

匹兹堡大学物理系，原本是一个排名不太高的学科。匹兹堡大学赫赫有名的专业是医学，其医学中心有数万名职员和教授，是世界上最大的医学机构之一。有一对韩国教授，妻子是著名的医学教授，丈夫是著名的理论物理学教授，妻子有幸收到了匹兹堡大学的教授职位邀请，于是丈夫希望跟妻子一同来大学任教，结果被拒绝。因为匹兹堡大学的医学院太多牛人，妻子的名气不足够解决丈夫的工作问题。眼看着事情就要泡汤，丈夫的一位华尔街银行家学生给老师出了一个主意，让他自己去应聘匹兹堡大学物理系，而妻子随迁。匹兹堡大学物理系大喜，因为这位韩国籍教授，是国际排名前几位的理论物理学家。夫妻双双迁到匹兹堡，丈夫还把自己的几位博士一起带到了匹兹堡。匹兹堡大学的物理系因此排名大涨。

这件事背后的缘由，我还可以多解释几句。理论物理，多数是研究原子核的数学推演，很枯燥，国际上活跃的研究者就那么几百个人。然而，每年的博士硕士却不少，这个学科并没有因为市场没有需求而萎缩，其原因很奇特，因为理论物理的很多模型几乎和华尔街的金融模型相似，华尔街的顶级金融科学家学物理的比例很高。这位教授的 20 多个博士生，毕业以后几乎都去了华尔街。

也就是，金融工具的发明人，不产生在天天买卖股票的"菜市场"，而产生在具有深度逻辑的理论物理学界。

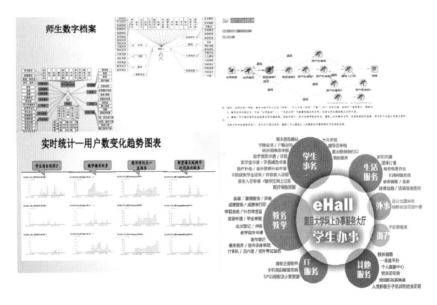

复旦大学宓咏老师的信息图，也许是 IT 行业有近代物理学风格的。

宓咏是复旦大学的信息办主任，在这个位置上干了 16 年，也许是国内校园信息化的最元老级的人物了。复旦大学的信息化水平，也是国内校园信息化水平最高的高校之一，其实用和系统化的模式，一直是国内高校的学习样板。这样一个信息办的主任，还是一名教授，带信息办中自己的研究生、博士生，撑起了很大一块。然而，每周宓教授上课的内容不是计算机，而是近代物理，他的研究生也不是计算机学院的，而是物理系的。20 多年前，复旦大学时任校长谢希德从日内瓦欧洲核子中心把宓老师请回来时，宓老师正是丁肇中团队成员的科学家。但是，近代物理学界实在不需要那么多最优秀的人才，宓老师后来还是在信息界的名声远远大于物理学界。

2010 年，作为上海的 IT 审计专家，我承担了由德勤承揽的中建八局 ERP 项目的 IT 审计工作。这个软件项目经费 2000 多万，试图将这个当时销售收入 700 多亿元的大型跨国建筑集团进行信息集中和专业化发展。董事长梁新建专门为此次审计与我进行了半天的沟通，其主旨就是要查出软件开发过程中的问题，为今后提高做准备。为一个传统的建筑公司做软件，我原本不抱过高期待。果然，项目负责人根本不懂软件，软件做下来界面和人性化也并不十分好。然而，深入审计的第一天，项目负责人拿出了几千页的项目文档，其编排方式虽根本不是软件工程的编排方式，却让我惊讶万分：其规范性和细致程度以及推进的过程远远超出一般的专业软件公司的项目，其实施效果也异常好。

说到这里，我可以杀回马枪了。一个真正的好发明和一个真正的靠谱的专业训练，其背后需要的知识体系，远远不是我们粗略看到的那样。一个金融工程的高手，也许需要理论物理的训练。一个软件工程的高手，需要结构化的工程训练。如果仅仅是买卖股票或者进行一般的统计，没有任何学科支撑的大专生就可以进行金融方面的分析，一个学生经过培训学校就事论事的 JAVA 工程师就可以快速地编程了。然而，如果需要更高水平的创新，需要面对复旦大学那样复杂的高校信息化规划以及中建八局那样战略性 IT 实施的话，没有更加深度的学习，是不可能的。而这些学习，并非就事论事地操作和制造，更重要的是背后的逻辑和思维方式的训练。这在教育学中，有一个老生常谈的词汇，叫"建构"。

西安理工大学工程训练中心，在国内工程训练中心中实力是显著的。工程训练中心由几十名富有经验的工匠和教授组成，每年承担非常多的军工和民用项目。学生不仅在这里进行工程训练，更重要的是进行产品研发和创新创客教育。工程训练中心的主任张晓辉发现，每年的几百项学生创新项目中，真正具有创新的并不多，很多学生总是在低水平重复，总是有学生发明出几年前、十几年前学长早已发明过的东西。由于多数都是浅发明，再加上学生的流动性，其科研很难持续向纵深发展，其教授的理论研究和学生的创新就很难接轨。用张晓辉的话说，学生的水平比《我爱发明》高一些，但高不了太多。即使这样，作为一种坚持，西安理工大学工程训练中心还是在国内领先于绝大多数的工程创客中心。这两年机会来了，由于政府的重视，张晓辉要下决心干一件事情：将创客项目的标准化和创新与学科紧密相连。目前，张老师已经开发出了一套适合工程训练标准化的工程实训轮转排课和考核系统，下一步要做创新项目管理系统。今后来工程训练中心创新的学生，不再是几百项总是零起点的创新，而是在一个项目平台上将创新过程和创新资源整合起来的创新。每年的创新不要求多，但要求学生在学长的基础上有所提升，并且按照工业的标准来进行管理。有了积累，要想在创新上向上走，就只能在理论上和算法上寻求突破，这样，创新就会在工匠和科学之间找到完美的平衡。

西安理工大学的工程训练与虚拟仿真教学系统的融合，力图让训练更标准。

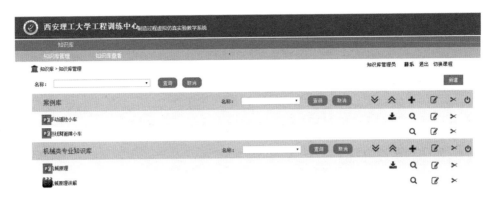

学生创新资源的支撑，一定要在学长的肩膀上。

创新的支撑体系，其软件的背后是思考的逻辑，是科学与工程的融合，而这个关系的背后是创新的文化。中国有优秀的发明文化，但如果再往前深入一步，创新的组织体系是创新能否持续的终极问题。

信息和软件，目前已经成为承载创造的表现载体，而其背后的核心并不是软件代码，而是代码驱动的思维逻辑。随着代码越来越成熟和智能，迟早有一天，软件编程本身是人人短期能够学会或者根本不用学的东西，而背后的创新思维，是无法取代的。

我们如何妄议创造

　　1941 年，德国科学家海森堡秘密来到哥本哈根，最后一次见到了自己的老师玻尔，师徒二人在 15 年间与爱因斯坦的世纪争论不断获胜，但相见时的喜悦一点也没有，他们这次见面说了些什么一直是一个谜，历史学家对此的争论一点也不比他们和爱因斯坦的争论小。结果就是，波尔宣布与海森堡决裂并逃亡美国，海森堡回到德国开始领导纳粹的原子弹研发工作。

1934 年的玻尔和海森堡，这一年他们是蜜月期，共同的敌人是爱因斯坦。

　　海森堡作为哥本哈根学派的先锋，其测不准原理是重磅炸弹、玻尔战胜爱因斯坦的重要法宝。海森堡发现和提出的电子状态的观测量子态，也就是被观测意味着改变状态，不仅是量子力学的重大转折点，也是今天量子纠缠的基石。爱因斯坦虽然发现了相对论并成为量子理论的创始人之一，且颠覆了牛顿力学，但是其头脑中残存的对牛顿思维的三个重要基础——实在论、因果律、决定论——仍是非常坚持，就是不能赞同观测即改变的海森堡测不准原理、用矩阵和统计学表示的海森堡的模型以及毫无道理的量子超距作用，可是爱因斯坦面对的是物理学和哲学同样出色的波尔和海森堡，在10多年的争论中不断处于下风，并在70年后被证明完全错了。

　　玻尔与其他几十位逃往美国的著名物理学家一道声讨纳粹的行径。而另外一边，海森堡的阵营也根本不弱——集中了若干位诺贝尔奖获得者。很快，海森堡陷入了一系列量子态的纠缠状态：一方面他爱国，一方面他又反对德国的反人类行径；一方面他作为科学家很快领导团队将原子堆的科学推进到新的阶段，另外一方面他又发现这会给人类带来灾难。直到德国战败，海森堡的纠缠状态仍没有结束。战后，曼哈顿计划的负责人和海森堡又有一场旷日持久的争论。

　　事情并没有那么简单，爱因斯坦与玻尔的争论并没有因为物理学的一系列实验而结束，因为说到底他们是两种哲学的争论。有趣的是，20年后，美国一个著名的量子物理学家是坚定的爱因斯坦的支持者和玻尔的反对者，发现人的意识是按照量子力学的规律进行的。例如一个人同样思考8件事情，当他集中精力在一件事情上时，反而关于这件事情得出的结论又不一样了，正如海森堡的测不准原理一样。英国心理学家进一步将人的思维定义为心灵智力，其与量子力学的规律几乎完全一样。今天我们知道，人的大脑由数百亿个脑细胞构成，与牛顿力学相比，更守量子力学的规律，爱因斯坦所坚持的宏观的实在性、因果律、决定论，虽然符合宏观世界的常识，却越来越不符合微观世界的实验结果。

法国科学家艾伦·爱斯派克特 1982 年用实验证实量子纠缠

关于创造力，我们总想规划：从最早的学好数理化到今天的 STEM，再到大众创业、万众创新，但是往往事与愿违。我们试图用宏观世界和牛顿时代机械论的一般规律来结构化地规划创新道路，事实证明总是错误：义务教育、科技扶持、211 计划、985 计划、双一流计划、包括 9 年义务教育等等，在达到宏观一致性的结果后，我们突然发现创新的熵值却降到了最低。按照这个逻辑，我们很容易得出非常可笑的结论：爱因斯坦是对的错的、海森堡是好人坏人、玻尔是正义非正义。但这个故事中的主人公的纠缠却是创新的过程，而创新是测不准的。

按照国家最新的学科分类，共设 5 个门类、58 个一级学科、573 个二级学科、近 6000 个三级学科，如果按照每个学科学 3 门基础专业课，每门专业课有 100 个知识点来说，仅仅基本的知识体系下的知识点就达到 180 万个。这些知识点还仅仅是本科生的最基本的知识点。如果创新走到硕士生必备科学前沿和博士生必备科技前沿，其知识点要呈指数级上升。我们按照少的算，如果分支再扩展 1000 倍，达到可以进行创新的程度，那么知识空间的节点就将达到 20 亿以上。这些节点之间的多维关系，恰恰就像大脑中的脑细胞的关系，牛顿力学失效了，量子态的创造力如何遵从那几条科技创新的规则以及 STEM 的简单法则呢？

因此我认为，创造不可预测、创造测不准、观测即失效。

虽然创造测不准、不可预测、纠缠，但并不意味着创造没有规律、创造不可知。

海森堡的成长经历，基本上是能够测得准的高起点、多学科交叉、以学习为中心的顶级科学家的一般成长规律。这些创造者的路径有一个共同的规律，就是在他们成长过程中，他们像一个自由的电子一样，并没有被规划、被观测。他们想到哪里走到哪里，行动轨迹像布朗运动毫无规律。有人牺牲了，有人成功了，最终我们不能预测某一个人的成功与失败，但整体的概率却像量子力学一样符合特有的分布。

用爱因斯坦的一句话："上帝难道也掷筛子？"

海森堡与他的老师玻尔坚定地反驳："我们如何妄议上帝？"

直接让美术老师做设计？ 别逗了！
——创新空间与设计思维

公元 1003 年夏天，19 岁的柳永来到杭州，过去的老友孙何已经是状元及第，当上了两浙转运使，而柳永此时寻花问柳，天天与歌姬混迹于风月场所，明明靠高考和祖辈荫德和颜值可以混饭的柳永，偏偏以卖歌词为生。但毕竟艺术创作的初期还是艰辛异常，柳永钱终于花完了，想当个官、混顿饭吃。无奈孙何已是正局副部干部，不是谁想见就能见的。柳永情急之下，创作了一首词《望海潮》。

柳永知道孙何喜欢什么，这首词是设计不是艺术，是因为落魄的柳永写的不是自己的真情实感，写的是孙何的真情实感："千骑拥高牙。乘醉听箫鼓，吟赏烟霞。"

一生漂泊不定进行艺术创作的柳永深知这个作品不是艺术创作而是设计作品。艺术创作是发自内心、透支灵魂的一项重脑力劳动，而设计作品是按照规范和模式，反映设计出钱者心声的文化再生产商品。柳永的这种文化再生产基本上不用太多的艺术功底，只要掌握基本的套路、思路，很快可以复制。

艺术不仅需要生活体验，还需要天分和艰苦训练才行，但设计不是。西安工程大学服装艺术学院刘静伟教授有一门很有名的课，叫"设计思维"，刘静伟还写过一本很有名的教科书《设计思维》，在这本书的扉页，刘静伟就写着：人人能够设计、人人可以设计。事实上，刘静伟本人是学材料和化工方向的，之所以能开"设计思维"这一门课、成为一个领域的知名教授，与设计这个学

武夷山柳永像，"执手相看泪眼，竟无语凝噎"。

科的内涵有关系。

在《设计思维》一书中，刘静伟总结了10种设计原则、若干种设计模式，非常简单地从发觉内心真实想法到词汇、色彩、表现在内的一套流程，用11种设计实验，更加严谨和流程化地让学生掌握设计的过程，同时展现的是每个人的内心想法和人性。

我见过刘静伟本人，她的设计教授办公室里，到处是她改造和设计的但却以现代手法表现的设计作品，看得出刘静伟非常喜欢设计。但刘静伟非常明确地告诉我，她做的不是艺术而是设计。刘静伟为此跑遍了全国所有的博物馆，收集设计素材。她在《设计思维》一书中表示，她做的不是思维研究，而是思维能产出什么作品和如何产生作品的研究，在刘静伟的课堂中，她不是讲课也不是教授一些设计理论，而是用实验的方法发觉每个学生内心的想法，并用一套设计思维模式将学生的想法表现出来，如教学生设计一个收音机，就从收音机的概念、背后的终极哲学开始，经过小组讨论，最终呈现出让学生都很惊讶的创意。每个人都有自己的想法，正如孙何有自己的想法，但只有经过训练的设计师将这种想法表现出来，孙何本人一看才会认为是自己的想法，而不是设计师的。

艺术作品是艺术家自己的想法，而设计作品是买单人的想法，艺术讲究永恒，设计需要卖掉。但一般的美术教师是教不了设计课的。

1996年，我在一家广告公司工作，公司来了一位世界著名广告公司的创意总监。大家都想看，这样一位创意总监，如何设计创意作品。一天晚上加班，所有的美术师在一起，听这位创意总监指导一个房产广告的设计。大家惊讶地发现，这位创意总监根本不会美术！但该创意总监用一套模式，巧妙地将这个房产的概念、优势、品味总结出来，并激发出美术师本身的表现能力，最后做出一个很好的广告作品。

设计作为一个文化再生产的商业行为，反应的是被设计者的真实内心世界而不是设计者的，这是非常关键的，设计的好坏，一方面考验着设计师的表现力，更核心的是看设计师能否发现被设计者的内心世界。

西安欧亚学院是一家民办大学，起步的时候由于资金有问题，校园并不太出色。学校创始人胡建波意识到这个问题，希望用10年打造一个心目中的理想校园。请来的意大利室内设计师问了胡建波类似以下的几个问题："学校如何起步、标榜何物、学生教师从何而来、将来要到哪里去、未来师生的生活和行为方式如何"，学校有关方面正要将自己的想法告诉意大利设计师的时候，意

欧亚学院，未来师生何人，标榜何物？

大利设计师不听了，设计师只要听类似上述的"终极问题"。意大利设计师回国以后，一个月、两个月、三个月过去了，毫无进展，被催时一直说在准备在准备。等设计师再来中国时，胡建波拿到了自己要的心目中的未来校园。同样，当胡建波要建欧亚图书馆的时候，清华大学关肇邺院士听取了胡建波关于图书馆的"终极问题"后，说有一个现成的草图，因为不是另外一个大学校长心目中的图书馆而一直被闲置，希望胡建波看看，结果这个设计就是胡建波要的。

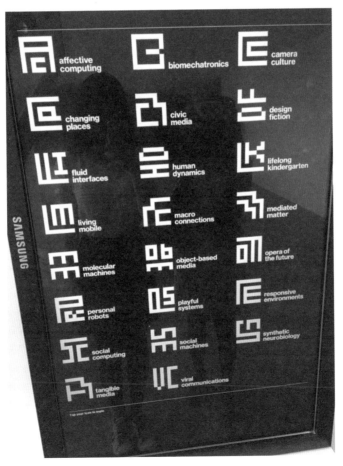

MIT 新媒体实验室，创新者如何说话、使用什么文字？

目前，全国教育界在轰轰烈烈进行创新创业教育以及创客教育，在创客中心设计方面，他们请来很好的艺术家和美术师设计空间，然而却忘记了两个终极问题：一是这个空间是谁使用的、他们的生活和学习方式的终极问题是什么？二是这个空间的培养目标是什么、创造和核心以及终极问题是什么？

在卡内基梅隆大学的很多实验室里随处可见咖啡厅、演讲厅、探讨室以及休闲空间，有些地方还有体育设施、地下冲凉房等，这也是解决两个终极问题：围绕创造性的学习生活休息工作而进行的便利性和美观性设计，以及围绕未来创造目标而进行的沟通设计（例如作为模式采用大厅和周边教授玻璃门）、网络设计（考虑到教授、学生、访问学者、内部涉密资源采用各种不同安全域的无线网络资源）、资源配套设计（考虑到快速午餐和沟通需要的咖啡厅和加班需要的休息室以及校内电子和纸质图书资源的借阅系统）。

那么，对于创客教育、STEAM 教育，在设计思维的培养和创造力的培养方面，有哪些需要注意的地方呢？

- 创客空间要成为学生愿意待、能走能留的地方，成为学生休息中最愿意和最适意的地方；创客中心要考虑参观者和围观者的情景以及路线，更要考虑学生的行为模式以及交流模式。
- 创客空间要成为学科跨界最容易交流的地方。
- 创客空间要成为网络资源和实体资源最方便使用和最集中获取创造资源的地方。
- 创客空间要成为未来人与人之间关系磨合和训练的场所，尽早让学生沉浸和体验单一课堂不能体现的综合未来工作的环境模拟。
- 创客中心除了炫丽和美感外，要直接展露原创、原理、原味的创造力核心支撑要素。

当西蒙碰见皮亚杰
——创客学科背后的终极问题

　　反叛种族隔离、哲学本科、两个数学博士、物理学国家实验室做研究员、社会活动家，这些标签与儿童心理学碰撞后会产生什么？当于 1958 年 30 岁碰见瑞士儿童心理学家皮亚杰之前，西蒙·派珀特是一个穷折腾的愤青。直到遇见皮亚杰并作为其助手，且一起工作 5 年，西蒙"凤凰涅槃"了。知识愤青与皮亚杰的邂逅，使得今天我们给西蒙以下称号：人工智能奠基人、Logo 语言和 Scratch 语言之父、数学家、心理学家、儿童教育家。

　　一般认为，孩子的知识是父母或者老师教会的，是传授得到的。直到今天，绝大多数老师和家长还在潜意识中坚定地这样认为。西蒙的老师皮亚杰不这样认为，皮亚杰开创了建构主义的儿童心理学先河，并对后世的教育界影响深刻。1961 年，皮亚杰写成《知觉机制》时，西蒙就伴随在其旁。1963年，麻省理工大学给了西蒙

西蒙·派珀特

麻省理工，总出一些很奇怪的建筑、很另类的人。

一个职位，在计算机高速发展的初期，西蒙的数学、物理功底在那里可以发挥出来，更重要的是社会学和心理学的训练让西蒙如虎添翼。西蒙出生和成长于南非，是一个反种族隔离主义者，亲眼见到的种族隔离及其对人成长的伤害，再加上在皮亚杰处学到的认知心理学理论，使得西蒙认为计算机是打破隔离的最好手段。作为数学家的西蒙认为，儿童学会微积分并不应该在高中、大学，而是在小时候。西蒙编制了一套程序，从三角形、四边形、五边形、六边形、多边形等一直走下去，直接诱发没有任何高等数学训练的小学生的微积分思维。西蒙为了让孩子感兴趣，用图形界面和简单的语句教孩子编程，于是第一个计算机教育和儿童编程软件 Logo 就这样诞生了，今天非常红火的 Scratch 软件算是第二代。在西蒙看来，计算机语言不是问题也不应该是计算机最关键的因素，应该尽可能减少和减轻语言对于学习计算机的孩子的阻碍，而计算机语言背后的逻辑、迭代、控制思维才是最重要的，而这些孩子本身就有。

好的教育不是如何让老师教得更好，而是如何提供充分的空间和机会让学习者去构建自己的知识体系。西蒙还在麻省理工大学亲自实践。他与他的学生尼古拉·庞帝一起创立了媒体实验室，将不同学科的学生、教师聚集在一起，以酷炫的空间、校企的深入合作、研究经费和金融的无缝对接、科技前沿的紧跟，创造了一个新的科研、教学和实践模式，他也就是今天的创客空间的鼻祖。西蒙不满足对从全世界筛选来的精英在校园进行培养，他还发起了"一人一台笔记本电脑运动"，将笔记本电脑引进全美的每个课堂。西蒙认为笔记本电脑带来的随时随地的学习不仅是对教师的挑战，更是给学生的机会："夹在学习与生活，学校与家庭以及社会之间的障碍消失了，笔记本使得这种新文化具体化了，随着被应用到生活的各方面，新文化将会根植于每个独立的个体中并得到积极发展。"经过30年的实践，西蒙已经不是皮亚杰书写《知觉机制》时的数学助手，而是将儿童心理学运用在人工智能的第一人、将人工智能理论编成儿童能够编程序软件的第一人、通过技术学习数学思维的第一人，在数学、人工智能、教育、心理学五界的"大拿"。

《异类》一书中，作者对各种行业的真正专家的培养路径进行了归纳分析，发现一个统计学规律，也就是要成为任何一个行业的专家，需要进行大概1万个小时的专业训练。最近又有人进行统计发现，1万小时并不能保证其成为专家，高强度刻意训练才是成为专家的必要条件。又有人进行分析，发现有的人只用1万小时就能成为专家，例如达·芬奇画鸡蛋用了五年共1万个小时，但后来成为数学家、机械师、物理学家、解剖学家，则没有用那么长时间。人们发现"成功是成功之母"。在成为第一个专家花费1万个小时之后，后面隔行的专业中，也许只需要3000个小时、2000个小时或者1000个小时就可以成为专家，但这取决于行业之间逻辑的相似性。例如，理论物理学专家，需要经过大概5年到7年的理论物理学的1万个小时的高强度科研博士训练，但是在2013年，我在美国匹兹堡大学调查发现，这些博士中的70%进入了美国华尔街当数据分析师，因为金融模型和理论物理学的模型有逻辑上的相似性，这些博士经过1000小时的专业训练和工作，就能成为顶级的金融分析师。

皮亚杰发现的儿童心理学的基本原理，对于成人也大致适用，皮亚杰本人的成长经历和成功经历，不仅印证了跨界的魅力，更印证了跨界背后的思维逻辑模板的重要性。皮亚杰的父亲是著名大学的人文教授，但热衷于科学研究。皮亚杰的妈妈是虔诚的宗教徒，这在皮亚杰幼年的心里打下了非常扎实的社会学基础。皮亚杰的教父是非常有名的哲学家，对皮亚杰影响深刻。后来皮亚杰在研究过程中，聚集了非常多的各学科的顶级学者，最终才有了这位儿童心理学界的泰斗，也才有了本文的西蒙，有了后来的 Logo 语言、Scratch 语言等等。以上并不紧耦合的逻辑链，却勾画了过去 50 年计算机教育和工程教育的粗线条。

无论是建构主义的创始人皮亚杰还是西蒙都给出了大致的结论，那就是建构是逻辑而不仅仅是那些实践、兴趣、折腾。创客教育背后的终极问题，创新教育到底背后是什么？几十年前西蒙从小学开始教微积分思维，因为微积分思维远比微积分教育重要。通过编程让孩子了解微积分背后的微积分思维，是西蒙对于世界教育的一个重大贡献，但今天仍不为我们重视。

教育学只是教育体系中的一个学科，教育体系的复杂性已经超越了人们的想象力，要让孩子能够在未来的社会更好地生存，只有理念是远远不够的。这是一个混沌的复杂非线性系统，不存在唯一的简单模型，然而从教育学在整个学科的发展体系来讲，我们似乎放弃了努力。

拓展互联网思维，警惕互联网行为
——融合课程的前提条件

一

1954 年的 4 月，几乎同时出现于中苏两国的两个事件几乎改变了世界教育的格局。和平稳定 20 年左右，以加强教育为导向的两个国家的新一代青年人发现毕业后没有工作了。几乎在同时，两个国家的毕业生都开始了自救运动。当初被称为小学毕业和初中毕业的知识分子学生，重新回到农村，集体进行自救。由于有知识、能看书，他们成为农村的会计和记账人员。2 年以后，这批人也塞满了农村的岗位，于是有组织的开荒运动在两国互相学习下发展成为知识青年的开荒运动。

如果历史就此打住，这是一个再正常不过的经济现象。然而，事情是不可持续的。到 1968 年，积累过多的 6 届毕业生一起毕业，也没有那么多北大荒可以够知识青年垦荒，这一年，有一个最高指示的互联网似的群众性运动彻底偏离了跑道，农场模式演变成插队模式，有组织有管理的知识分子下乡，成了到农村落户并成为地道的农民。

木刻版画知识青年出工去（朱宣咸作）

与知识青年上山下乡一样，这几年一场互联网引发的在线教育热潮如火如荼。作为重要的知识获取手段和学习手段，教育在线最开始有其存在的合理性。然而，互联网学习与知识分子下乡一样，其本质的管理学是消除层级。原先的通过组织来管理拓荒运动的活动变成强制性的插队，与原先通过学校和课堂学习发展成按照兴趣网上学习的性质是一样的。失败和失控的原因在于前提条件，前提条件最重要的是可复制、可推广与可重复。绝大多数在线教育网站与知识青年到农村的实践一样，不可复制也不可推广。

云和互联网思维讲究的是参与、兜售、体验、简单、专注、清爽、速度、服务、尖叫、微、快、精、变，对于潜层次的思维变革并快速得到回报的事情，我们一方面要考虑其必然性，更要考虑其适用性。从云到互联网思维，我们可以想一想，局部试一试也是没有问题，但是要具体到互联网行为，还差得很远。这些年我特别警惕那些让人激动的群体活动，例如几百人上千人的大会和教师培训，群体人在一起一块做一个动作往往会让人忘乎所以。

前提条件，是区分互联网思维和互联网行为的一个重要标准。

二

1958年，我妈妈在"赶英超美"的号召下，与乡亲们一起将村里的锅都砸掉送进南北朝时就发明的土法炼钢炉里面，全村的所有铁制品一下子变成了废渣。没有了生产工具，很多有本事的人离开家乡另谋生路。那一年我爸爸从太原工学院冶金建筑专业毕业，于是父母来到河南安阳，建设一座新的钢厂。到2016年，这个全国第20位的钢厂全年钢产量1000万吨，正好是1958年提出的赶英超美的全国目标，而这一年全国的钢产量在限产的情况下是8亿吨。在抗美援朝缺少钢铁的切肤之恨和第一个5年计划顺利完成的鼓舞下，一片草根

1958年，我妈妈大炼钢铁失败，陪着我大学毕业的爸爸专业进行大炼钢铁。

和群众热情地燃烧，带来一场 3 年的灾难。

互联网思维有一个非常大的特点就是草根、跨界重构、跨界、分享、扁平，我称这为物联网和跨界思维。跨界的实质是换一个维度去想问题。然而，跨界一不小心就会成为出界。

那么，跨界和出界有什么区别呢？跨界有一个前提条件，那就是钢不能变成钢渣、工业化炼钢不能回归土法炼钢。跨界的成功往往是建立在真实信息基础上的跨界实践、建立在先进而不是回归落后基础上的跨界和增长；跨界人往往具有比内行人更加丰富和深刻的界内专业思维。

在教育行业，跨界是非常常见的现象：著名的教育家往往都不是教育界或者教育专业的，这是因为教育是一个转化学科，其本质规律往往来自外界核心技术和哲学的发展。但是，即便如此，如果搞教育的人没有其他行业的专业性积累、没毕业就奢谈教育、老师没当几年甚至没当过老师就想颠覆和重构教育、自己的教育很失败就想改变别人甚至孩子的教育、出于逆反心理、不让孩子接受正规的教育而想投机取巧试图弯道超车，反而不如不跨这个届。

三

用户思维，是互联网思维的一个重要特点。在"文革"电影《决裂》中，动物教授孙子清讲脱离实际的马尾巴的功能。抛去政治因素，这个观点没有什么不对，这些年国际教育争论的主流也是理论与实践的关系。正是这两者的矛盾，不断推动了教育向前发展。

用户思维要有一个前提，那就是用户能代表用户。前些年，各级人大为了加强农民工的发言权，甚至有规定农民工在政协人大代表中的比例。这隐含了一个前提，农民工能够代表农民工。事实并不是完全如此。在教育界，学生更是不能代表学生。

教育是百年大计，所谓十年树木，百年树人，是人再树人，到第三代才可能成才。那么，教育的专业性恰恰在于，教育除了有实践性，还有理论性，要

电影《决裂》，古板的教师孙子清讲马尾巴的功能，这和今天古板的老师没有什么区别。

在变化的实践中掌握 10 年不变的知识，20 年留存的技能，30 年不能忘怀的体验，这些往往是学生不能理解的非现世的回报。网上既有流传耶鲁大学校长鼓吹的"教育就是无用之学"，还有杜威学派坚守的"实用主义教育"，更有托夫勒强调面向未来的教育。

容易标签化的我们，总是不能从历史的经验中总结，教育学者都没有找到固定答案，贸然让用户思维去左右，是要出大问题的。

重要的事情说三遍，理论和实践，用户和教师，谁说了算，对于教育行为而言要看前提条件。

四

著名的力学专家钱伟长是钱穆的侄子，一代国学大师，考上清华也是读的中文。考上清华大学的 5 门课中，两门文科——历史和中文满分，三门数理化和英语加起来 25 分。感伤于中国科技的落后，钱伟长跑到吴有训教授跟前表示要学物理，认为可以造枪造炮。吴有训给钱伟长两个条件，一是一学期后理科成绩必须在 70 分以上，二是理科要求高学习苦，希望他用体育来证明自己。1937 年，钱伟长不仅成为了物理科的佼佼者，还成为了中国国家足球队的队员，参加远东运动会。

后来广被流传的"学好数理化，走遍全天下"，恰恰和钱伟长原先的本意相反。在 1958 年，当上清华大学副校长的钱伟长认为，将苏氏教育学科分得特别细并不利于学生成长。他认为，"学习要学习关键的东西，数理化这三门课学得透彻了，就可以获得扎实的理论知识基础"。

多少年后，我们都忘记了，钱伟长所说的关键的东西，是相对于苏氏教育专业过细而言的，他的原话是"数理化学得透彻了"，根本不是指考试，也不仅指这三门，而是强调触类旁通。

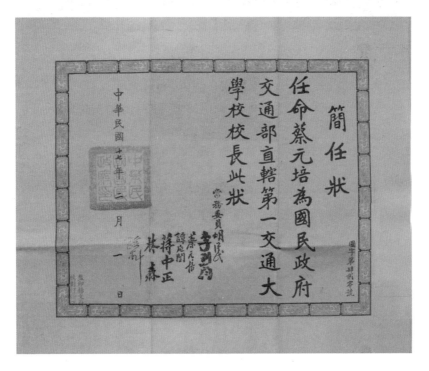

1928 年，蔡元培任交大校长，合并系所成立数理化学科群。

其实，将数理化作为关键学科，并不是起源于钱伟长，而是蔡元培。

1928 年，蔡元培任交大校长，力排众议，确定了数理化和英语、国文 5 门课程的学科群。在蔡元培之前，以专业分类的横向式教学建制，利于该专业教学与管理，却造成一校内其他教学资源的分割，且不利于管理公共基础课。

今天我们所谈的 STEM 教育，既有钱伟长所说的关键的东西，更有融合和素质教育的含义，而不仅仅是"科学、技术、艺术、工程"几个重要的东西，然而，今天的 STEM 教育，恰恰又重新回到学好数理化的口号时代，学生们玩毫无深度思考和学科融合的机器人游戏成为常态，并且是千篇一律。将千篇一律和展示性的科技活动等同于 STEM 教育，是不折不扣的从众的互联网行为，恶果正在显现。

生命信息和生态思维是互联网思维的更高级层次。量子态、深度学习人工智能，机器学习，情感计算，生命信息，脑科学，神经科学，生态，多个学科的最新成果对教育有很大的启示，但对每个人而言都是不同的，教育要根据每个人的层次和特点来进行。在专业和通识教育的矛盾中，永远没有一个答案。

没有答案的事情就没有规律吗？当然不是。我们一方面要接受技术带来的新观念的冲击，去调整，另外一方面，上帝又给了人类一个天生的护卫：保守的力量。只要有保守的力量在，就不至于让我们燃烧得过快。我们不断反思另外的变量和关切，就会将行动拉得稍微慢一点，等待灵魂的步伐。

重要的事情说第四遍：生命信息也好，生态也好，互联网行为有个前提条件，保守的力量与创新的力量双轮驱动。快乐教育也好，艰苦教育也好；实用主义也好，通识教育也好，生态意味着个体的不同、时事的不同，教育也将不同。教育因为不同而美丽。

文章的最后，让我们回到一块石头。这块石头叫瑞云峰，是宋朝著名的四块石头，也是智取生辰冈中所说的著名的太湖石。太湖石讲究瘦、漏、透、皱，瘦是互联网思维，穿越却留痕；漏是跨界物联思维，通过现象看本质；透为大数据思维。移步换景，皱为生命信息与生态思维。我们可能对未来一无所知，但是我们可以坚守美的哲学，拓展未来的画境。只要教师群体保持知其然也知其所以然的知识分子精神，独立思考，不盲从的学者精神，多角度看事情的涵养和境界，就像会这块石头，事事变迁，却一直具备悠久的审美，具有永恒的价值，而这就是教育的价值。

后记：教育设计师，用一生做一事

1. 耐心，老汤与快餐

2015 年 7 月 5 日，在上海临港新城上海海事大学经济管理学院报告厅，我进行了我"网络工程管理"的最后一课。当学生们用雷鸣般的掌声谢幕，鼓励他们自己，也鼓励我这个老师的时候，在场的我请来的 5 位评审专家、著名企业老总也被感动了。事实上，这一门课由于是我自认为的最后一门课，我讲得也就更加大胆和肆无忌惮：我将学生带向具有网络的整个校园、我将 144 个学生分成 14 个小组、我要求学生做 18 次作业和网络创客作品、我还将考试提前到第 12 周（一共 18 周），这一年，我不再去开我认为无聊的会、不再写认为浪费自己青春的论文。当掌声响起来，我向鞠躬学生，忍住泪水，我知道我的教师生涯就要结束，虽然为这一天我已准备了多年，但它真正到来时，我还是于心不忍。

10 年前，我从某知名信息安全公司副总经理的位置上退下来，做了两件事情，一件是成立了现在的教育科技公司，另一件是到上海海事大学当电子商务教师。10 年来，我一直未申请比副教授更高的职称，在学校教授网络工程和电子商务安全课程。由于无所畏惧，因此胆量也越来越大，当我决定离开学校的这一刻，彻底无所畏惧的我，把比我在卡内基梅隆大学看到的所有最大胆的教学方法全部用上。出乎意料，我所碰到的阻力并没有如期到来，闻风而来的教务处巡视、校长、院长、书记和老师，将最特例的所有政策向我开放。当教务处知道这是我的最后一课的时候，学校的摄像师专门来进行录像，当我将辞职申请递给人事处的第二周，教务周老师跟我商量，下学期愿意不愿意承担九周的课程，每周连续两天，后面九周就可以比较自由地进行自己的安排，要知道这在整个大学是破天荒的。

我之所以满含泪水，是因为面对学生和学校，我没有敌人；我之所以寸步难行，是因为死板的制度，于其中我又看到了一个一个充满人情的人。

文章写到这里，只是引子，我想说的是，在各种非常兴盛的教育改革的声音中，大家都缺乏一种耐心、一种智慧、一种坚持，往往认为自己是对的同时拒绝体验别人的角色，用一种快餐似的手法，去处理一道老火的例汤。而当真正需要一种智慧解决问题的时候，往往没有办法。学校没有任何一个人正面回答我的问题，然而他们都将问题给了我，假如我这样一个自诩为著名教育专家的教师当了院长、校长、局长、部长，回过头来碰到"魏忠"这样的老师，会有更好的处理方式吗？这是一个真问题。

2014年11月，我的《教育正悄悄发生一场革命》出版，成为后来一年的热门书，也因此得以结识教育界的各种改革派和思想家，得以进行充分的思想交流。我发现快餐居多，很多教育专家甚至只做了两三年教育实践、几个月教育探索，甚至还停留在设想阶段，就想成为教育家，就包装、宣传和夸大，一旦碰到阻力，便将所有矛盾指向假想敌，从来不反思自身的问题。像我这样十年不断探索一门课，每年自己贴数万元去不断深化高等教育实践的教师，在中国很少很少，更难得的是，我这样一个"好教师"，并没有碰到预期中的打击报复和体制约束。在这种情况下，我的教学成果仍然无法拓展，为什么呢？这又是一个真问题。

在写这一篇文章的时候，我正坐在苏州的中国大陆第一家诚品书店。这家最有品位的书店，在成功之前经历了连续15年亏损，直到找到了全部成功的秘诀。乔布斯临终前向比尔·盖茨抱怨，计算机极大改变了包括医疗、社会方方面面的同时，对教育却几乎不能触动。也许还没到时候。然而，这一年，声称已经改变教育的有很多，我一一看过，失望之极。

有一次，我观看同济大学的一门创课课程，发现所教的东西比我的更新、更炫、更好看也更具有时代精神，我突然问了我自己几个问题：

- 什么是教育呢？教育的目标到底是什么呢？课程又如何保证教育目标呢？
- 什么是学生在这门课程中 10 年不过时的知识？
- 什么又是这门课程中我给予学生 20 年不过时的技能？
- 什么又是学生们 30 年难以忘记的体验？

在问我自己这几个问题之后，我发现目前几乎多数的教育技术，是被快钱绑架的教育技术，是快餐似的教育技术，而教育是需要后味的。当多数教育专家如美食家一样评论着美食，自认为是专家的时候，真正创造价值的是后台的厨师。一个真正的美食家，并不属于高谈阔论的点评师，需要最核心的价值是鼻子与众不同的嗅觉。要做到这一点，需要做减法。

我这门课的减法又是什么呢？是不是非要学生做 18 次作业？什么又是我这门网络工程课程的鼻子呢？

明白了这一点，在后面的两个学期中，我又将课程大幅度进行了改进，访谈了十几位网络和网络规划中的高手，询问他们什么是作为一个管理人员在网络技术中的 10 年不变的知识、20 年不变的技能、30 年不变的体验，大幅度简化自己的作业和课程内容，将时间还给学生，更加大胆地通过在线课程资源和外部资源，教授自己并不会但对于学生未来 10 年、20 年、30 年更加重要的东西。

2. 精致，小城与大事

2015 年 9 月 28 日，我创立 10 年的庚商教育智能将总部搬到了苏州，在距离苏州市中心三十公里的科技城安家，一同和公司安家的还有庚商 6 名创始人和 20 名员工。为什么从大上海搬到安静的苏州郊区小城呢？这是我们 10 年教育慎重的选择。

教育这件事情，任何人都能说几句、骂几句，然后再继续着自己比自己所骂的教育更粗糙的生活。然而，我一直惊艳于苏州的精细，无论什么政治制度、经济制度，这个城市永远是那么精致、有耐心、具有效率，楼盘城市和园林永远那么美。当我搬进苏州这个城市的时候才发现明清时苏州状元占 20%，苏州的院士占全国的 10%。我们很喜欢苏州的慢，也很喜欢苏州的效率，这些和体制无关，无论什么年代，它都不是我们粗鄙的借口。

中国教育最大的问题可能在于失去了耐心。上海的房价十万一平方的时候，上下班再加上每天多余的 4 小时，促成了多数员工在狭窄的楼道里迷失自我，最后坐个电梯就会在上下楼之间跳槽，还能完成什么 10 年、20 年、30 年的作品？中国的教育也是一样——一方面希望接受最时髦的理念和最新的教育，另外一方面又不肯静下来坚守价值。我在对自己公司的新员工进行培训的时候，给他们提出了以下几点，希望大家深思。

- 大家要知道自己的问题，钱往往不能解决问题，还会让问题更严重。
- 永远不要为金钱而工作，为高薪跳槽。无论多高的薪水，你不把它当事业，就仅比破产强一点。
- 关注自己的事业，永远提醒自己，但失去工作，自己会更有值得的价值。
- 奢侈品仅是投资成功后对自己的奖励，绝不是目标。
- 你之所以缺钱，是因为你给别人的太少，想要的太多。

如果说 2014 年的《教育正悄悄发生一场革命》讲的是教育技术革命的话，过去一年我思考的更多的是教育的思维革命，这也就是 2016 年 3 月出版的新书《教育正悄悄发生一场怎样的革命》中的主要考虑。技术能够提高效率，但最终决定教育成效的是创新和人性，而能支持创新和人性的是精致和耐心。庚商决定换一种套路办公司，不去刻意融资，不去追赶一个又一个的热点，而是踏踏实实地做几十年的精品。

2015 年 10 月 23 日，中国西部某大学计算机学院图形图像实践课程结业典礼，庚商公司总经理叶铭博士为计算机学院图形图像专业教授了 6 周的课程，到了结业的时候，原本以为学生不可能学会这些复杂的基于神经网络算法的图形图像实验，最后却是 6 个小组的学生全部完成了任务，全体学员中唯一没有完成和没有学会的可能是那个专业的教师。更为奇特的尝试在于，在智能实验系统的帮助下，代课的叶铭博士本身也不会。叶铭博士按照我十多年来总结出来的知识、技能、体验教学方法，依靠信息系统资源库和社交网络的帮助，以任务为导向讲授，叶博士告诉我，从刘翔向孙海平的转变，教师确实要勇于教授自己不会的知识。

叶博士这件事情的意义在于，原本公司只有一个我在研究教育学，现在可以普及到更多的员工，也能成功。更大的惊喜还在后面。搬到苏州以后，公司每年的培训从 1 个月增加到 3 个月，整个公司 15 个产品经理每个人一门课，全公司的员工互为师生。原本一个新毕业的学生一年半才能掌握的技术，被缩短成了 3 个月。经过这一关，原先不断困扰公司人员跳槽的问题迎刃而解，原来 5000 元月薪能够招到的本科生，变成了"985"和"211"的研究生，原先公司跳槽的员工能够获得 2 倍工资增长，现在可以到达 3 倍。如果一个公司能够具有一所学校的吸引力的时候，这个公司就自然成为一个伟大的公司。

从经济学上来讲，你不能提供额外的增值，你就得有更高昂的付费，用这个思路来看待身边的经济现象，豁然开朗，于是更加明白了苏州的精致和苏州的物价低廉，因为品质让大家难以割舍，那么金钱只是一种符号而已。

作为庚商创办人之一，庚商十二年是我前面职业人生中最丰富的时间，我第二次看到了自己，看到了自己对生命态度的诚恳。在我看来，生命才是我们最重要的关口，而不是生意和钱。

3. 事业：深度，逻辑与天分

2016 年 3 月 12 日，上海海事大学 MBA 教学研讨会照例举行，这几年海事大学的 MBA 招生在政治经济环境变化中受到了很大的冲击，但是还是坚持得不错。每年不少于 2 次的教学研讨会总是能够让大家畅所欲言，这是市场竞争的结果。

在会上我做了以下的发言："我们的本科教育，如果什么时候，每个系、每门课、每个专业，能够都像 MBA 教育这样每年积极开展几次教学研讨，每个老师都会这么认真、招生这么有耐心、要求这么严格，那么我们的教学质量何愁不高？恰恰不是 MBA 教育不应该向本科学习，而是相反。"在所有的教育逻辑中，中国人习惯于得出对与错，从来不考虑场景，也不考虑更深一层次的原因。也许，从少量样本中作出准确判断，不仅是人作为万物之灵的本能，更应该是自我认为的事业基础。

2015年3月15日，作为谷歌的机器狗，以4：1大胜韩国围棋选手李世石，象征着以情怀为代表的人类，在有界的智力领域全面被计算机超越。然而，有界的领域如此，人生却是无界的，人性却是无界的，在机器效率全面取代人类的后智能时代，以赚钱为指向的经济社会也即将宣告破产。下一个时代，将充分解放人性，在无界的领域发挥生命的天分，创造力成为下一个时代。然而，我们的教育准备好了吗？

回想过去的25年，我曾想唤醒民众、唤醒教育，最终唤醒的是我自己。

- 如果你想富有，你必需读懂数字，而不是情绪和道德。
- 不断买入资产，包括学习；不买负债，包括好车，高消费，围绕面子的外部性。
- 凡是能坚持简单的界面，必有复杂和严密的后台。
- 上苍给了我们两个礼物，时间和思想，金钱是思想的表现形式，时间会平均摊销，如获得不了思想，金钱也会贬值。

来到苏州后，有更多的时间陪伴住在一起的员工和团队，也有更多时间陪伴4岁的女儿，更有更多的时间思考教育和人生，我减少了多半的讲座、会议和不必要的应酬，反而对抗住了与这个时代同有的内心的贪欲与恐惧，拥有自己，拥有公司，拥有亲情，拥有友情和团队，不断投资让它们升值，而不是从中获益。

当我真正解放了我自己的天分，不再看融资者的脸色、不再看学校的脸色、不再看客户的脸色，甚至不再看庚商的脸色的时候，我发现，对于我这样一个商学院的副教授，经济世界向我展现了一个历史上任何教科书都不曾书写的只有我能体会到的状态。这个时候，我认为，我不可能被取代，进而我认为，我和我的团队所创造的庚商也不可能被竞争对手取代。

几乎每天都有来苏州探讨的客户、投资商、朋友圈，我再也不必功利地为取得某种效果而努力，我只要精致，精致是一种态度。我不需要额外的钱因此投资商可能会失望，我不需要出名因此各种自称代表央视的掮客失望而归，我不需要探讨教育理论因此各种教育帮派拿我没办法。

在春风化雨的苏州园林中、竹林中、山间小道中，敞开心扉，我反而找到了更多的朋友：更多的"985"、"211"的优秀毕业生加盟庚商、更多的年薪数十万数百万的人跟我谈不计代价、更多的合作伙伴和客户希望与我们共同成长。

乔布斯临终前向比尔·盖茨抱怨，为什么信息技术对于各行各业具有巨大的影响，但对于人类的教育影响微乎其微？我和我的庚商正准备回答这个问题。

从设计教育到教育设计，在人性得到张扬的未来，场景革命势必主宰今后的教育，而我们的教室还在延续着工业文明的丑陋、我们的校园还在继续着极权时代的轰鸣，我不喜欢这个粗鄙时代的教育，我希望把它改变成苏州园林般的风雅。

从来在教育界没有诞生过一部手机界的苹果，那么就让庚商成为苹果；我不能成为乔布斯，那么就让我成为未来乔布斯的垫脚石吧，在没有英雄的年代，如果大家实在不想当英雄，那就让我成为英雄吧。

本书成书的过程中得到了我的研究生刘晶晶、黄阿娜、夏丽琴的帮助，一如既往地感谢庚商教育智能科技集团给予我的支撑，感谢中国信息协会教育分会的大力协助和会员会长们的帮助指正，在此一并致以感谢。

邮箱：634177166@qq.com

博客：http://blog.sina.com.cn/weizhong1969

魏　忠